1904 Décembre 5

COLLECTION SOULAVIE

[illegible] GUILLOTINE [illegible]

[illegible] LIBERTÉ

PARIS [illegible]

COLLECTION SOULAVIE

CONDITIONS DE LA VENTE

Elle sera faite au comptant.

Les acquéreurs paieront *dix pour cent* en sus des prix d'adjudication.

M. Loys Delteil remplira les commissions que voudront bien lui confier les amateurs ne pouvant y assister ; il se réserve, en outre, la faculté de diviser ou de rassembler les lots.

MM. les amateurs pourront visiter la collection, 22, *rue des Bons-Enfants*, du lundi 28 Novembre, au samedi 3 Décembre inclus, de 10 heures à 4 heures.

ORDRE DES VACATIONS

Lundi	5	Décembre	. . . .	N°s 1 à 200
Mardi	6	—	. . . .	201 à 400
Mercredi	7	—	. . . .	401 à 600
Jeudi	8	—	. . . .	601 à 800
Vendredi	9	—	. . . .	801 à 907

CATALOGUE
de la
Collection d'Estampes
formée par
J. L. SOULAVIE
1783-1811

(4e partie)

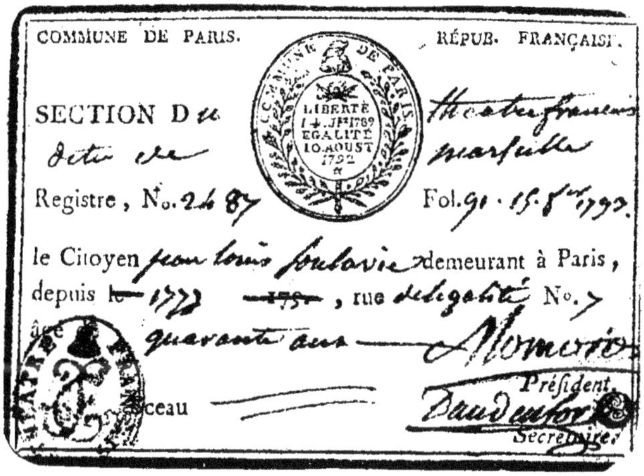

COMMUNE DE PARIS. RÉPUB. FRANÇAISE.

LIBERTÉ 14 JUet 1789 EGALITÉ 10 AOUST 1792

SECTION Du théatre français
dite de marseille

Registre, No. 2687 Fol. 91. 15. 8bre 1793.

le Citoyen Jean louis Soulavie demeurant à Paris, depuis 1773, rue de l'égalité No. 7

âgé quarante ans

Président.

Sceau

Secrétaire.

C'est la Carte du Propriétaire de la présente Collection

dont la vente aura lieu

à Paris, HOTEL DROUOT, Salle No 10

Du Lundi 5 au Vendredi 9 Décembre 1904

à 2 heures

Par le Ministère de Me MAURICE DELESTRE

COMMISSAIRE-PRISEUR

5, *Rue Saint-Georges*

Assisté de M. LOYS DELTEIL, Artiste-Graveur, Expert

22, *Rue des Bons-Enfants*

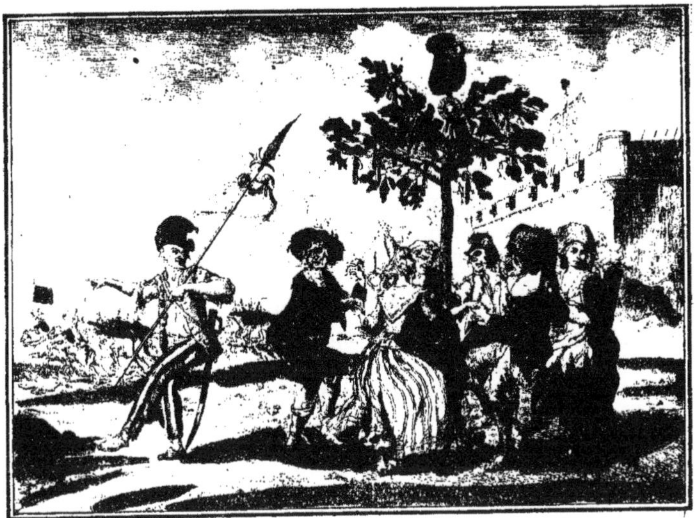

REFRAINS PATRIOTIQUES

N° 233 du Catalogue.

DÉSIGNATION

ADAM — ALLAIS — BONVALET

1\. — Fox et Pitt, caricature — Mirabeau — Marie-Christine d'Autriche, 1782 — Imbert de la Platière — Vassent (Catherine), l'héroïne de Noyon. Cinq pièces. Belles épreuves.

ALIBERT (à Paris chez)

2\. — Louis XVI, en pied. Pièce allégorique in-fol. Belle épreuve.

ALIX (Pierre-Michel)

3. — Le Triomphe de la République, d'après Boissier. Grand in-fol. Belle épreuve *avant toute lettre, imprimée en couleurs.*

4. — Montaigne — Rousseau (J. J.) — Manuel (P.), d'après Ducreux. Trois pièces. Belles épreuves, *imprimées en couleurs* (sans marges).

ALLAIS (Louis-Jean)

5. — *Exposition du corps de L. Michel Lepelletier sur le piédestal de la ci-devant statue de Louis XIV, place des Piques le 24 Janvier 1793*.... In-4. Très belle épreuve *tirée en bistre.*

ALLAIS (Angélique Briceau, Mme)

6. — Le Pelletier St Fargeau. Ovale in-fol. Belle épreuve *imprimée en couleurs.*

ALMANACHS HISTORIQUES

7. — *Lacord* (sic) *des Nations par le moien de la paix*... (de Nimègue). Almanach pour l'année 1679 publié par P. LANDRY. Grand in-fol. Belle épreuve.

8. — *La Prise de la Ville de Luxembourg et de ces dépandances par l'armée du Roy*.... Almanach pour l'année 1685, publié par P. LANDRY. Grand in-fol. Belle épreuve.

9. — *Les Actions héroïques de Louis le Grand en l'année MDCLXXXIV.* Almanach pour l'année 1685, publié par N. LANGLOIS. Grand in-fol. Belle épreuve.

10. — *Louis le Grand la terreur et l'admiration de l'Univers.* Almanach pour l'année 1686, publié par N. LANGLOIS. Grand in-fol. Belle épreuve.

11. — *Les Grandes Victoires du Très Puissant Monarque Louis Le Grand Emportée sur ses Ennemis Par Mer et par Terre*, almanach pour l'année 1691, publié par N. DE LARMESSIN, Grand in-fol.

12. — *Le Mérite récompensé par Louis le Grand dans la distribution des dignitez de l'Eglise et des Charges de l'Etat et les Expéditions militaires de l'année 1695*, almanach pour l'année 1696. Grand in-fol. publié par N. LANGLOIS.

40 - 13. — *Le Roy accepte le Testament du feu Roy Catholique Charles II et déclare Monseigneur le Duc d'Anjou Roy d'Espagne sous le nom de Philippe V à Versailles le XVI Novembre MDCC.* Almanach pour l'année 1701, publié par LANGLOIS et TROUVAIN. Grand in-fol.

11 - 14. — *Réception faite par Philipe V... à la Princesse de Savoye son Epouse, à Figuières en Catalogne le 2 9bre 1701.* Almanach pour l'année 1702 publié par LANGLOIS et TROUVAIN, Grand in-fol.

20 - 15. — *La levée du blocus de Mantoue par la prise de Borgoforte à la veue du Prince Eugène.... le 14 Novembre 1702.* Almanach pour l'année 1703 publié par JACQUES LANGLOIS. Grand in-fol.

15 - 16. — *Entrée solennelle de Philippe V roy d'Espagne dans la ville de Naples le 20 May 1702,* almanach pour l'année 1703. Grand in-fol. publié par N. LANGLOIS.

24 - 17. — *Par le traité fait à St Germain en laye le III juillet l'Electeur de Brandebourg rend au Roy de Suède la Poméramie en sont les VI Villes réprésentées en ce rideau ou dais.* Grand in-fol.

58 - 18. — *L'Audiance donné par le Roy Louis XIV à l'ambassadeur de Perse, à Versaille le XIX février 1715.* Partie supérieure d'un almanach. In-fol.

26 - 19. — *L'Etat glorieux et florissant de la Famille Royale par le nombre et le mérite des Princes et Princesses qui la composent.* Partie supérieure d'un almanach. Belle épreuve.

17 - 20. — *Combat naval et Victoire remportée sur la Flotte Angloise par la Flotte Françoise commandée par feu Mr le Marquis de la Galissonnière le 14 juin 1756.* Almanach pour l'année 1757. Grand in-fol., publié par CHARPENTIER.

35 - 21. — Almanach pour l'année 1794, surmonté des médaillons de Marat et de Le Pelletier. Deux pièces in-4°. — Calendrier National, par J. F. Lefevre. — Calendrier pour l'An III. Quatre pièces.

18 22. — Compositions allégoriques relatives à Louis XVI et à la Révolution. Cinquante-cinq petites pièces destinées pour la plupart à des almanachs.

20 - 19bis M. Soulavie —

AMERIQUE (Estampes relatives à l')

23. — Histoire des Découvertes de l'Amérique. Deux cent soixante-quinze pièces par Th. de Bry, George Keller, etc., réunies en 2 vol. gr. in-4.

24. — Evènements de la guerre qui a procuré l'indépendance aux Etats-Unis. Titre, carte et 14 planches, par N. Ponce et A. Godefroy. Belle épreuve.

25. — *Plan du Combat naval de la Grenade gagné par le Cte d'Estaing* (6 juillet 1779) (A Paris chez Esnauts et Rapilly) — *La Bravoure récompensée* — *La Valeur récompensée* (la Grenade, 4 Juillet 1779). *La Matinée du 4 Juillet 1779 à la Grenade*. Quatre pièces. In-fol. Belles épreuves, une *coloriée*.

26. — *Représentation de la prise de la ville nommée la Dominique et du fort du Roseau (7 sept. 1776)* — *Reddition de l'Armée Angloises* (sic).... *à Yorcktouwn.... le 19 Octobre 1781* — *Plan de l'Armée de Cornwallis.... faitte prisonière dans York Town....* — *L'Angleterre suppliante* — *Plan de la baye et de la ville de Rio-Janeiro*, par A. Coquart — Carte des Possessions Anglaises en Amérique. Six pièces. pièces. Belles epreuves.

27. — Mort du Capitaine Cook, à Owhy-hée, fév. 1779 2 pl. — Mort de Montcalm, 2 planches, une par Morret (*imp. en couleurs*) — *La force de l'amour ou Mistris-Ross* — *Le Triomphe de la tendresse*, par Maugein. Six pièces. Belles épreuves.

28. — *Vive la Paix à jamais* — *Superbe Feu d'Artifice... tiré place de l'Hôtel-de-Ville* (de Paris), le *14 décembre 1783 à l'occasion de la Paix...* Deux pièces, la seconde *coloriée*.

29. — Portraits : Colomb (Christ.) — Magellan (F.) — Drake (Franciscus) — Cortès (Fernand) — Vespuce (Améric), etc. Quinze pièces anciennes.

30. — *Conclusion de la Campagne de 1781 en Virginie le Marquis de La Fayette*, d'après Le Paon (J. Hédou 32). In-fol. Belle épreuve.

31. — La Fayette. Trois petits médaillons. Belles épreuves, une *imprimée en couleurs*.

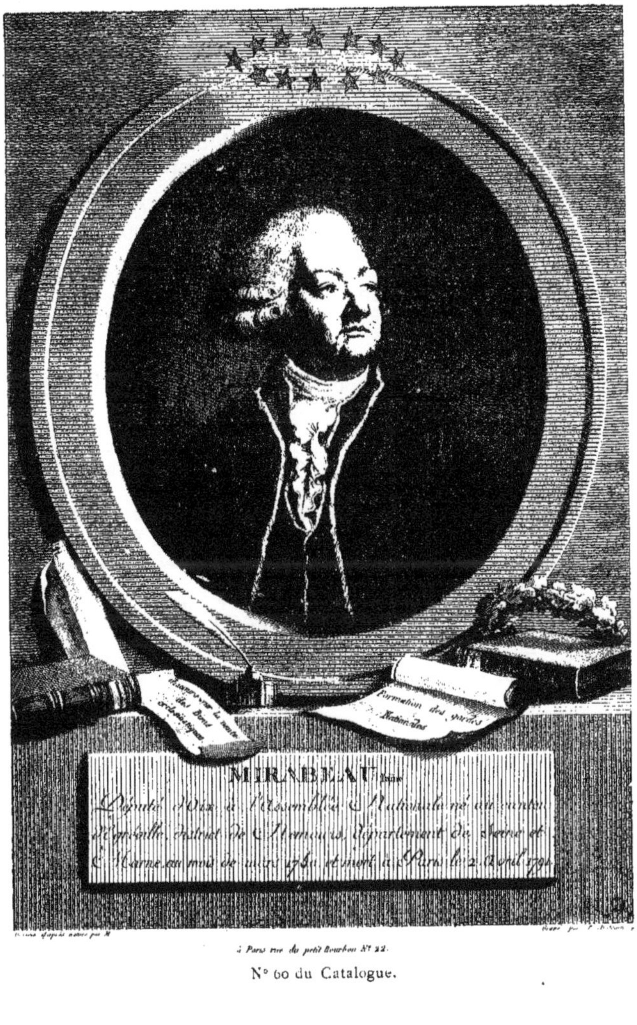

N° 60 du Catalogue.

32. — La Fayette en prison — La Fayette visité par sa Famille pendant son emprisonnement. Deux pièces in-8, par E. Henne, d'après Agrain. Très belles épreuves. Rares.

33. — *B. J. Francklin est mort, dédiée au Caffé Procope* — Francklin, d'après Carmontelle — *Le Docteur Francklin couronné par la Liberté* — Allégorie en l'honneur de Francklin. Quatre pièces.

34. — *The Right Honourable General Sir George Augustus Eliott*, par F. Gregori, d'après G. F. Koller. In-fol. Belle épr. tirée en sanguine.

35. — Estaing (Ch. Henri Comte d'), par P. Freislhien. In-fol. Très belle épreuve *imprimée en couleurs*. Rare.

36. — Greene (Nataniel), par Chevillet, d'après Peale. Petit in-fol. Très belle épreuve.

37. — Jones (John Paul), par Moreau le jeune, C. Guttenberg et un anonyme. Trois pièces. Belles épreuves.

38. — *A la Mémoire de Monsieur le Comte de Vergennes...* (Traité de paix de 1783), d'après C. R. In-fol. Belle épreuve tirée en bistre.

39. — Hancock — Sullivan — Rodney (G.) — Reed — Hopkins — Lee (Ch.) — Roger (R.) — Gates (Général) — Morris? — Arnold — Keppel — Clinton (H.) — Cornwallis (C.) — Crillon (Duc de). Quatorze pièces par Dupin. Belles épreuves.

40. — Rochambeau (Cte de) — Galissonnière (de la) — Suffren (P. A. de) — Guichen (Cte de) — Trolong (C. M. de) — La Motte Piquet (G. de) — Couédic (du). Huit pièces par St Aubin, Vangélisti, E. Beisson, Hubert, etc.

41. — Arnold (Gal), par Prevost — Montcalm, par J. Barbier — *A la gloire de Richard de Montgommery*, par A. de St Aubin, d'après Caffiery. Trois pièces. Belles épreuves.

42. — Washington (G.), par Le Roy — Kuningham (Augustus), *la terreur des Anglois* — Morris (G.), par B. L. Prevost — Elliot (Gal) — La Fayette — Wolfe (J.) — Arnold. Neuf pièces.

43. — *L'Amérique indépendante*, par J. C. Le Vasseur, d'après A. Borel. In-fol.

44. — Indépendance des Etats-Unis, par L. Roger, 1786 d'après Duplessi-Bertaux. Belle épr. *imprimée en couleurs*.

45. — Harpie, Monstre vivant pris sur les bords du lac de Fagua (Chili). Trois pièces in-fol. Belles épreuves deux *coloriées*.

46. — Orage causé par l'Impot sur le Thé en Amérique. In-fol. Deux épreuves, une *avant que le coq* n'ait été effacé.

47. — La même pièce. Epreuve double avec le coq.

48. — Caricatures contre l'Angleterre, relatives à la Guerre de l'Indépendance. Dix-neuf pièces. Belles épreuves, la plupart *coloriées*.

ANONYMES

49. — *Procession de la fameuse Ligue contre Henri IV en 1593*. Deux copies in-fol. gravées au XVIIIe siècle. Belles épreuves.

50. — *L'Auguste Naissance de Monseigneur le D'Auphin de France... à Versailles le 4e Septembre 1729*. In-4. Rare.

51. — Exécution de Thomas Arthur de Lally en Place de Grève, le 8 mai 1766. Petit in-fol. Très belle épreuve. Rare.

52. — Exécution de M^r le Marquis de Favras le 19 Février 1790. Estampe accompagnée d'une *complainte*. Rare.

53. — *Journée du 18 Fructidor, l'an 5...* (Gal Verdière, Pichegru, Boissy d'Anglas, etc.). In-fol. Belle épreuve. Rare.

ARMOIRIES, TABLEAUX, etc.

54. — Les Noms, Qualités, Armes et Blasons des Chevaliers du St Esprit créés par Louis XIII — Grands Maîtres de France — Ordres Militaires. Trois pièces grands in-fol. Belles épreuves.

55. — Régimens d'Infanterie creez depuis 1684 — Alliances symboliques de Mr le Duc de St-Aignan — Cul-de-lampe aux armes de Bourbon et de Navarre, par Choffard — Armes du Régiment de la Calotte, d'Aymon Premier — Dauphins de France — Cartes généalogiques des Rois de France de Hugues Capet à Louis XIV — Armoiries diverses. Dix pièces.

56. — *Tableau militaire des Drapeaux, Etendards et Guidons des Troupes au Service de la France... et les Noms de Mrs les Commandts, les colonels d'infanterie et les Mestres de Camp de cavalerie et de Dragons por L'Année 1771. — Carte militaire des Troupes de France... suivant les dernières Ordonnances, 1787.* Deux pièces grand in-fol. Belles épreuves coloriées. Très rares.

57. — Armoiries des ordres de chevalerie d'Europe. Trente-deux pièces du XVIIe siècle. Belles épreuves, *coloriées* et *rehaussées d'or et d'argent.*

ASSIGNATS

58. — Assignats de diverses sommes, un certain nombre avec le médaillon de Louis XVI, par Aug. de St-Aubin — Billets patriotiques, billets de confiance — Tableaux d'assignats. Cinquante-trois pièces. Belles épreuves.

AUBERT — AUVRAY — AVELINE

59. — Rivard (F.), d'après Valade — Saxe (Marie Josephe de), d'après La Tour — Laruette, d'après Monnet — Duverney (Pâris), d'après L. M. Vanloo. Quatre pièces. Belles épreuves.

AUDEBERT — AUDOUIN

60. — Barnave, *dédié aux hommes libres*, 1790 — Mirabeau. Deux pièces in-fol. Belles épreuves.

AUDRAN (B. et C.)

61. — Cavelier Levesque (Louise), d'après Frenken — Sœur Juliana Morell, 1617. Deux pièces. Belles épreuves.

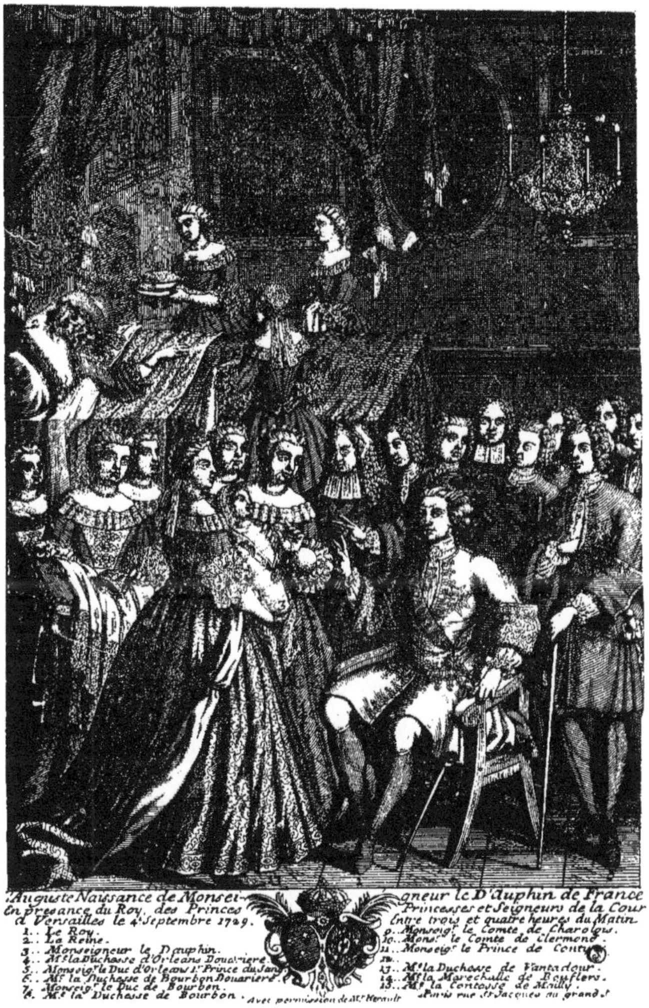

N° 50 du Catalogue

AUDRAN (Jean)

62. — Savoie : (Le Prince Eugène), d'après J. Vivien. Grand in-fol. Epreuve *avant la lettre*.

63. — Tessé (Mlle de), d'après N. de Largillière — Gillet (P.), d'après Tortebat — Danet (P.). Trois pièces. Belles épreuves.

AUDRAN-SIMONNEAU

64. — Médailles sur les principaux événements du règne de Louis XIV. Cent-vingt-quatre pièces. Belles épreuves.

AVRIL — AUBRY — ANONYME

65. — Bataille d'Honschotte (8 7bre 1793) — Passage du Pont de Lodi — La Trouée de Grandpré. Trois pièces in-fol. Belles épreuves.

BALÉCHOU — BAUDOUIN — BERTHET

66. — Robien (C. P. Sire de) — Biron (L. A. Gontaut de) — Restif (N. E.), d'après Binet. Trois pièces. Belles épreuves.

BALLONS (Estampes sur les)

67. — Projet de Monument à la Gloire de Montgolfier. Dessin à la plume, lavé de bistre.

68. — Projet de Monument à la gloire de Charles, Robert et deux autres aéronautes. Dessin à la plume lavé de bistre.

69. — *Figure de la Barque inventée en 1709 par Laurent de Gusman Chapelain du Roi de Portugal pour s'élever dans les airs*. In-4. Belle épreuve, *coloriée*.

70. — *Représentation des globes aerostatiques inventés par MM. Montgolfier*, estampe in-4 exécutée d'après le dessin de Baricolo. Très belle épreuve. Rare.

71. — *Mort de Pilatre de Rosier et de Romain Tel quils ont étés trouvés après leur chûte*. In-4. Belle épreuve.

72. — Mort de Romain et de Pilatre de Rozier, à Vimereux. Deux pièces grand in-8. Belles épreuves, une à l'état d'eau-forte, très rare.

73. — *La Sphère Aerostatique ou Globe volant... abbandonné (sic) aux vents dans le champ de mars, le 27 août 1783...* In-fol. Belle épreuve.

74. — *Machine aerostatique de Mr Montgolfier construite dans le Jardin de Mr Réveillon... — La Machine aerostatique ou le Balon Royal enlevé par Mr Montgolfier... sept. 1783 — Machine aérostatique de 70 pieds de hauteur... — Expérience aérostatique faite au Chateau de la Muette le 21 Nov. 1783... — Expérience aerostatique faite dans le Champ de Mars le 27 Août 1783...* Cinq pièces grand in-8. Belles épreuves.

75. — *Aujourd'hui 21 Novembre 1783 au Chateau de la Muette on a procédé en une Expérience de la Machine Aérostatique de Mr Montgolfier...* (A Paris, chez Basset). In-fol. Très belle épreuve.

76. — *Couplets sur le Globe enlevée aux Thuileries le Lundi 1er Xbre 1783.* In-4. Belle épreuve.

77. — *Seconds voyageurs aeriens ou expériences de MM. Charles et Robert... jardin des Thuilleries le 1 décembre 1783*, par B. L. Prevost. In-4.

78. — *Vue de Paris, prise du Palais Bourbon ou l'on fait voir les différentes expériences de l'impulsion de l'air inflammable... le 1er décembre 1783...*, gravée par Giet. In-fol. Très belle épreuve.

79. — *Nouveau Globe aérostatique inventée* (sic) *par Mrs Charles et Robert... le 1er Décembre 1783 — Représentation du Fameux Globe aerostatique... enlevé... le 1er Décembre 1783.* Deux pièces petit in-fol. Très belle épreuve, une *coloriée.*

80. — *Voyage fait dans l'air au moïen d'un globe aérostatique par Mr Charles... le 1 Décembre 1783.* In-fol. Curieuse estampe populaire gravée sur bois. Très rare.

81. — *Essai sur les machines aerostatiques pour les perfectionner et les employer utilement par C. L. R. Ingénieur 1783.* Deux pièces in-fol. Très belles épreuves, *coloriées.*

82. — *Batteau volant copié sur celui du Jésuite Lana* — Vaisseau volant de M. Blanchard, par *D. L. P. 1783* — Carte du Voyage aérien de M. Blanchard —

Alarme causée par la chute du ballon à Gonesse, etc. — *Le globe aerostatique construit à Versailles...* — Montgolfière la Gustave, par C. Boily. Douze pièces.

83. — *Mr Blanchard accompagné de Mr Gefferies est parti de Douvres... touche la terre aux environs de Blanay.* In-fol. Très belle épreuve.

84. — *Le ballon de Lyon nommé le Flesselles... d'après les dimensions données par Mr Montgolfier... 19 Janvier 1784...* In-4. Belle épreuve. Très rare.

85. — *Machine aerostatique... elevée dans les Champs appelés les Brotteaux, hors la Ville de Lion, le 19 Janvier 1784, par M. Montgolfier, en vertu d'une Souscription de 12ˡ par personne...* In-4. Belle épreuve, *coloriée.*

86. — *Vaisseau volant de Mr Blanchard dans lequel il est parti seul le 2 mars 1784...* In-fol. Très belle épreuve.

87. — *Expérience de Laréosta Nommé La Montgolfière... Le 23 juin 1784.* (face du côté du château). In-fol. Très belle épreuve.

88. — Troisième expérience de M. Blanchard, 18 juillet 1784. Deux pièces in-fol. Belles épreuves *coloriées,* publiées à Paris, chez Basset, et à Rouen, chez Le Fevre.

89. — Préparatifs d'enlèvement du globe aérostatique des frères Robert, au Jardin des Tuileries, 19 sept. 1784. In-4. Très belle et très rare épreuve *avant toute lettre.*

90. — *Départ de la Machine Aérostatique de MM. Robert frères et Colin Hullin.... le 19 Septbre 1784.* In-4. Belle épreuve, *coloriée.*

91. — 3e *Expérience de MM. Robert. Balon aérostatique.... élevé...* le 19 septembre 1784. In-4. Belle épreuve, *coloriée.*

92. — *Expérience du Globe aérostatique de MM. les frères Robert, au Jardin des Thuileries, le 19 Septbre 1784, à 11 h. du matin* (Chez Esnauts et Rapilly). In-fol. Deux très belles épreuves, d'état différent, les personnages et la forme de la nacelle changés, une *coloriée.*

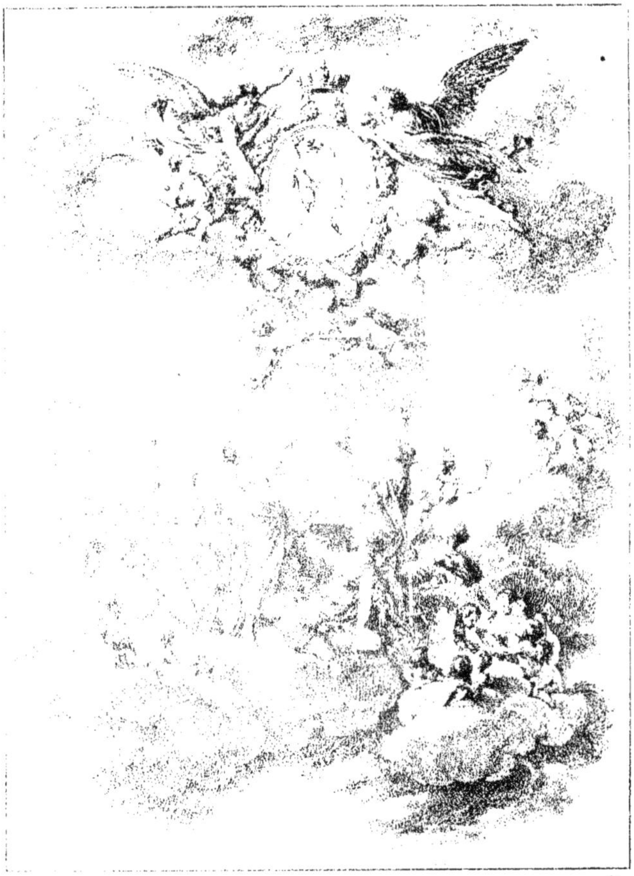

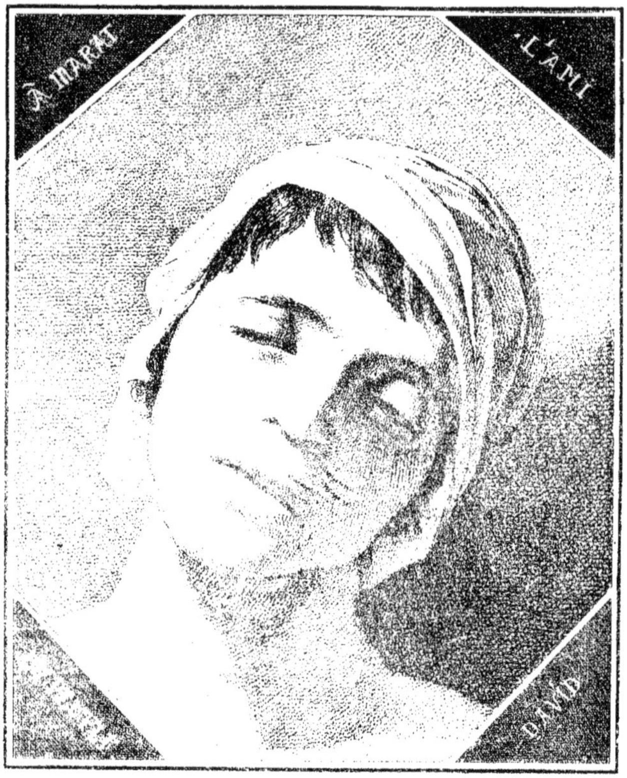
À MARAT
L'AMI
DAVID

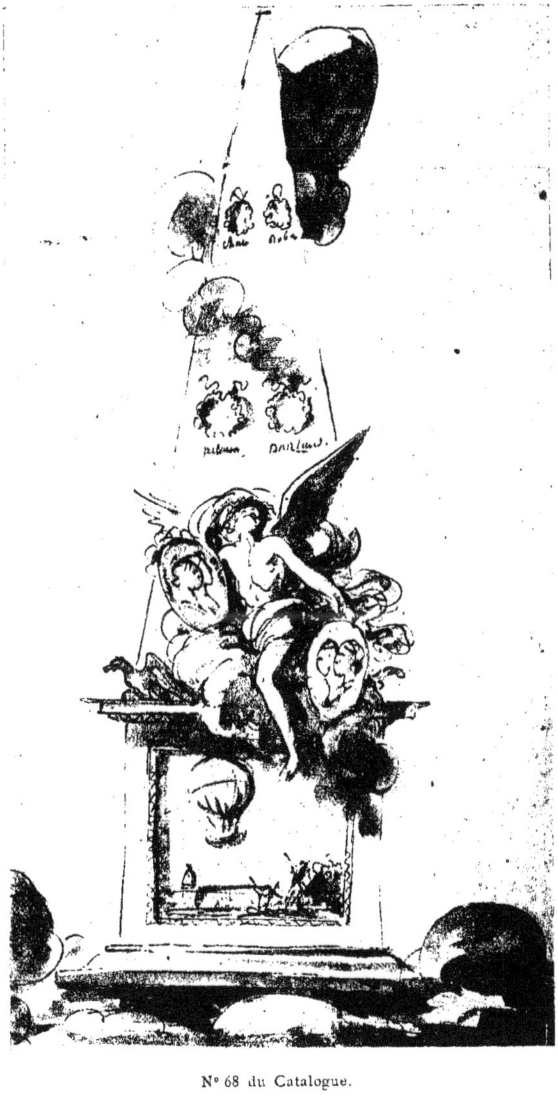

N° 68 du Catalogue.

93. — *Poste aérienne... Moyen... Inventé par A. V. 1784 — Invention nouvelle pour descente du haut d'un édifice sans le secour d'un escalier — Monde Lunaire* — Figure aérostatique des frères Enslen — Voyageurs planant au moyen d'habits aérostatiques... Cinq pièces. Belles épreuves.

94. — Globe enlevé au Luxembourg le 18 juin 1786... par M. Testu. — Le parti-pris ou Pierre Têtu. Deux pièces. Belles épreuves, la 1re *coloriée*.

95. — Ballon de Franconville, par *E. L. P.* In-4°. Belle épreuve.

96. — *Projet d'un ballon de 120 pieds de diamètre qui doit être enlevé à Dijon.* In-fol. Très belle épreuve. Rare.

97. — *Expérience aérostatique de Mrs Robert, Vue du Tapis vert, prise au-dessus de l'Orangerie à St Cloud — Vue d'Annonay en Vivarais — Vue de la prairie de Billancourt, 2 mars 1784 — Vue de la Plaine de Beauvrie près Béthune en Artois.* Quatre petites pièces, deux par P. G. Tavenard. Belles épreuves.

98. — Globes aérostatiques enlevés à Paris, Versailles, par Montgolfier, Charles et Robert et Pilatre de Rosier. Huit petites pièces formant série. Belles épreuves, *coloriées*.

99. — *Vaisseau volant aérostatique de Mr Blanchard — Première expérience du Vaisseau volant de Mr Blanchard qu'il devait faire le 2 Mars 1784...* — Détails de l'Aérostat. Neuf pièces. Belles épreuves, *coloriées*.

100. — Descente des immortels Roberts près de Béthune, scène accompagnée d'un texte descriptif et d'une chanson. In-4. Belle épreuve. Très rare.

101. — *Moyen de diriger les Aérostats Par Monsieur Masse Architecte.* In-fol. Belle épreuve.

102. — Préparatifs d'ascension d'un aérostat, 27 août 1783 — Aérostats planant au-dessus d'une rivière. Trois pièces *avant toute lettre*, la 1re *non terminée*.

103. — ESTAMPES SATIRIQUES RELATIVES AUX BALLONS : *Nous somme* (sic) *ici en admirand le départ du Vaisseau Volant* — Globe inventé pour le bien présent et celui de la postérité — *L'Homme aerostatique ou*

mon Pauvre oncle — Le Vaisseau aerostatique ou le retour de mon oncle — Ah! Ah! Voila mon pauvre oncle... transporté ... jusqu'à Montmartre... — Le Volomaniste — Ici le hazard réunit les plus baux personage (sic) — *Les Dangers de la Physique — Le petit-maître physicien — Madame la Comtesse de M... — Les Jacobins allant révolutionner la lune en ballons.* Onze pièces. Belles épreuves, plusieurs *coloriées.*

104. — *Nouvelle manière économique de charger les globes d'air inflamâble, et de faire la fortune des gens venteux.* In-4. Très belle épreuve.

105. — *La Caisse des Ballons ou les Commis effrayés.* In-fol. Très belle épreuve.

106. — *Diverses utilités du vaisseau volant, 1782.* Deux vignettes accompagnées de chansons humoristiques. Très rare.

107. — *Le Morceau de Reception des Srs Miollan et Janninet à l'Académie de Montmartre — La grande troupe des Animaux curieux... — L'honnette Retraite de Minet et de Janot... — Nouvelle façon de Voler par Mrs Miolan et Janinet — Jugement definitif en faveur des Srs Miolant et Janinet — La Phisique confond l'ignorance — Ballon enflammé ou grande troupe d'animaux curieux — Machine aérostatique de MM. l'abbé Miolan et Janinet — Dialogue de deux célèbres phisiciens...* Neuf pièces relatives à la malheureuse expérience tentée par l'abbé Miolan et le graveur Janinet, le 11 juillet 1784. Belles épreuves, six *coloriées.*

108. — Portraits : Blanchard (*à Rouen, chez G. Gosselin*) Montgolfier (Et. et J. de), par Rose Le Noir — Pilatre de Rosier, par S. Goulet — Legrand — Charles (N.), par Miger, Tavenard et anonymes — Blanchard. Onze pièces.

BANCE et BASSET (à Paris chez)

109. — Prise de la Bastille — *Monument du Despotisme...* (La Bastille) *pris le 14 Juillet 1789 et démoli aussitôt après sa prise.* Deux pièces in-fol. Belles épreuves.

BARON — BELJAMBE — BENOIST

110. — Caradeuc de La Chalotais — Chauvelin — Bailly (J. S.) — Macquer. Cinq pièces. Belles épreuves.

BASSET (à Paris chez)

111. — *La Reine* (Marie-Antoinette) *venant rendre action de grâce de l'heureuse Naissance de Monseigneur le Duc de Normandie...* In-4. Belle épreuve (rognée à gauche). Très rare.

112. — *Vue de la procession des Etats généraux, à Versailles, le 4 mai 1789.* In-fol. Très belle épreuve *tirée en bistre.* Rare.

113. — Portraits d'après Nature des Srs Harné et Humbert, vainqueurs de la Bastille, 14 juillet 1789. Belle épreuve, *coloriée.* Rare.

114. — *Mr Bailly Maire de Paris présentant au Roi les Clefs de la Ville de Paris à la Barrière de la Conférence le 17 Juillet 1789.* Belle épreuve, *coloriée.*

115. — *Ordre du Cortège pour la Translation des Manes de Voltaire le lundi 11 Juillet 1791.* In-fol. Très belle épreuve, *coloriée.* Rare.

116. — *Fondation de la République le 10 août 1792* (Prise des Tuileries). In-fol. Très belle épreuve. Rare.

117. — Batailles, Sièges et Combats de l'année 1792, 24 petits sujets sur 4 feuilles — Siège de Lille — Bataille de Jemmapes. Six pièces. Belles épreuves.

118. — Allégorie à la mémoire de Mirabeau — *Mirabeau quoique mort est toujours gravé dans nos cœurs.* Deux pièces. Belles épreuves, une tirée en *bistre.*

119. — *Exécution de Louis Capet XVIme du nom, le 21 janvier 1793.* Grande pièce gravée à l'eau-forte. Belle épreuve. Très rare.

120. — *La mort du patriote Jean Paul Marat... — Marie Anne Charlotte Corday, ci-devant Darmans... écrivant sa dernière lettre.* Deux pièces, petits in-fol.

121. — Aligre (d') — Luckner — La Rochefoucauld — Achmet IV — *Le Soleil au Signe du Capricorne.* Cinq pièces. Belles épreuves.

122. — *Aristocrates vous voilà donc F...* (Les Travaux au Champ-de-Mars pour la fête de la Fédération). In-fol. Très belle épreuve. Rare.

BAUR — COURTOIS — MIELE

123. — Batailles et Combats. Dix-neuf pièces pour *Famiani Stradae de Bello, Belgico*, 1640. Belles épreuves.

BAZIN — BRIOT

124. — Ste Isabelle de France, d'après Ph. de Champaigne — Vergus (R. P. Ant.) — Louis XIII. Trois pièces. Belles épreuves.

BEAUBLE

125. — Marie-Antoinette, portrait gravé à l'imitation de traits de plume. Petit in-fol. Belle épreuve. Rare.

BEAUVARLET — BERVIC

126. — Desmarets (R. P. Onuphre), d'après Jouffroy — Vergennes (Ch. Gravier, Cte de), 1780 — Perrussault (R. P.), d'après Dachon — Montpipeau (de), d'après Roslin. Quatre pièces.

BEISSON (Etienne)

127. — Mirabeau, d'après J. Boze — Desmoulins (Camille), d'après le même — Jacquier (Antoine), d'après Rabillon. Trois pièces. Belles épreuves.

BERGNY — BEUVELOT — BLIGNY

128. — Biron (Gontaut de) — Maupeou — Le Noir (J. C.) — Marduel — Soufflot (J. G.) — Le Triomphe de la Montagne — Règle pour le droit de Patente (1791). Sept pièces. Belles épreuves.

BERTAUX (H. G.)

129. — *Le Moment d'hilarité universelle ou le Triomphe de MMrs Charles et Robert au Jardin des Thuileries le 1 Xbre 1783*. In-4. Belle épreuve.

BERTHAULT (P. G.)

— 130. — Tableaux de la Révolution, d'après Prieur. Cent-cinq pièces.

BIGANT (J. B.)

— 131. — Le Couronnement de Louis XVI — Thémis souffrante — Thémis militante — Thémis triomphante. Quatre pièces in-4. Belles épreuves.

BOIS ANCIENS

— 132. — Sujets religieux. Deux cent-vingt-cinq pièces extraites pour la plupart de la *Mer des hystoires*, la Chronique de Nuremberg, etc. et réunies en 1 vol. gr. in-4.

— 133. — *La joyeuse et triomphante entrée... de Henry IIII... en sa ville de Rouen, le... saizième iour d'Octobre CIↃ IↃ XCVI.* Titre et vingt-neuf planches.

BOIZOT (d'après)

— 134. — *La Liberté armée du Sceptre de la Raison foudroye l'Ignorance et le Fanatisme — La Liberté soutenue par la Raison, protège l'Innocence et couronne la Vertu — Le Génie de la Nation française...* — Figures allégoriques de la Justice, de la Loi, du Courage, de la France Républicaine, etc. Cinquante-deux pièces. Belles épreuves, un certain nombre *avant la lettre*, plusieurs *imprimées en couleurs* ou *coloriées*.

BOIZOT (Mie Lse Adélaïde)

— 135. — Elisabeth (Mme) — *La France reçoit des mains de l'Autriche un Dauphin, fruit précieux de leur Alliance.* Deux pièces. Belles épreuves.

BONNART (N. et R.)

— 136. — Pons (Mlle de) — Varenne (Mlle de la) — Mennetoud (Mlle de) — Fille de qualité en habit de chasse — B*** (Mme de), en Madeleine — R (Csse de), prenant du tabac — Creil (Mme de) — Loube (Mlle de) — Valentinois et Bouillon (Dsses de) — Morlon (Anne de). Onze pièces. Belles épreuves.

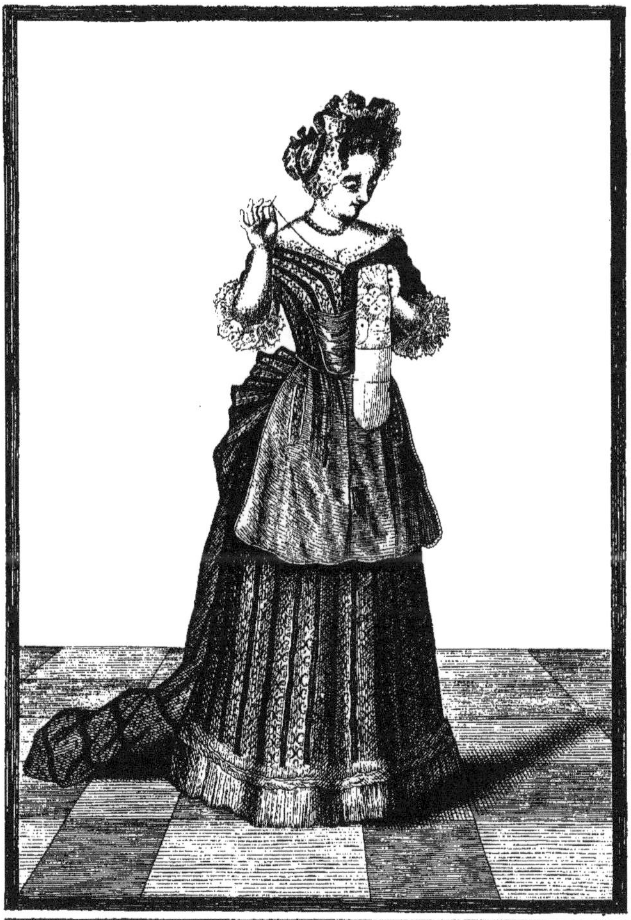

Fille de qualité, en d'Eshabillé d'Esté N. Arnoult fecit

N° 274 du Ca...gue.

BONNEVILLE (Franç.)

137. — Ancien gouvernement Français : Le Roi, la Reine, le Dauphin — *Traité de paix, conclue entre la République française et l'espagne* — Carnot. Quatre pièces. Très belles épreuves.

138. — Personnages de l'époque révolutionnaire. Soixante pièces. Belles épreuves.

BOSSE (Abraham)

139. — *La Pucelle ou la France délivrée*, par J. Chapelain. Frontispice et douze planches in-4 — Le Courtisan suivant le dernier Edit — Le Perruquier. Quinze pièces.

BOUCHER (d'après François)

140. — Eugène de Malborough, par G. Scotin — Frontispice des Mémoires de l'Académie royale de Chirurgie, par J. P. Le Bas — Allégorie : *La France gémit des troubles qui la divisent...*, par L. Cars — Béatification de Ste Jeanne de Chantal. Quatre pièces. Belles épreuves.

BOUILLARD — BRADEL

141. — Roucher (J. A.), d'après Le Roy, 1794 — France (Mme Louise-Marie de), Prieure des Carmélites de St Denis — Duguay-Trouin — Des-Portes (H. H.), évêque de Glandève — Crébillon (P. J. de), d'après G. Doyen — Cinq pièces. Belles épreuves.

BOULANGER (J.)

142. — Catherine Agnès de S. Paul Arnauld (La R. M.) d'après Ph. de Champaigne. Très belle épreuve.

BOULET

143. — *L'Intérieur du Comité révolutionnaire, scène dernière.* In-fol. Belle épreuve.

BOULLAY

144. — Marat, Chalier, Le Pelletier et Barra. Petite pièce de forme ronde, *dessus de tabatière*. Belle épreuve *imprimée en couleurs.*

145. — Le Pelletier, Marat, Chalier, Barra et Viala — Moulin, Lajouski, Pajot et Richer. Deux petites pièces de forme ronde, pour *tabatières* une en double, soit trois estampes. Belles épreuves. Rares.

146. — *Trait héroïque d'une Cne de la Vendée — Trait Eroïque dun Grenadier de Bressuire*. Deux pièces de forme ovale. Très belles épreuves.

BOUNIEU — DEMONCHY, etc.

147. — Sujets divers — Portraits — Allégories. Trente-trois pièces relatives à Henri IV.

BOUTELOU (L.)

147 *bis*. — *Globe aérostatique de Mrs Charles et Robert au moment de leur départ du Jardin des Tuileries, le 1er Xbre 1783*. In-fol. Belle épreuve.

BOUTONS

148. — Les trois ordres. Trois très petites pièces de forme ronde, par L. Guyot, Belles épreuves *imprimées en couleurs*.

BRENTEL (Frédéric)

149. — *Pourtraictz des ceremonies, honneurs et pompe funèbres, faitz au Corps de feu... Prince Charles 3... duc de Lorraine... depuis le 14e May 1608 qu'il deceda jusqu'au 19 Iuillet... outre la pompe funebre du convoi... en 48 tables...* Suite de 10 grandes pièces et suite de 48 pl. (manque la pl. 48) ; en plus une planche : Chevaux du Duc, et texte de plusieurs pièces. Belles épreuves.

149 *bis*. — *L'ordre tenu au marcher parmy la ville de Nancy... à l'entrée en icelle de serenissimi Prince Henri IIe du nom...le XX April 1610...*Suite complète de douze planches en forme de frise. Belles épreuves. Très-rare.

BRION

150. — Assassinat de Michel Le Pelletier. In-fol. Belle épreuve.

151. — Assassinat de Marat. In-fol. Très belle épreuve.

BROOKSHAW (Richard)

152. — Vue de la Ville de Rouen et d'une partie du Port, pendant l'Inondation de MDCCLXXXIV. Petit in-fol. Rare.

153. — Louis XVI, roi de France. In-fol.

BROUARD (d'après)

154. — Bataille de Lawfelt, 1747 — Siège de Berg-op-zoom, 1747. — Bataille de Raucoux, 1746 — Bataille de Fontenoy, 1745. Quatre pièces in-fol. par Guelard et Marvie. Belles épreuves.

BUREAU (N.)

155. — Le Cousin Jacques (Abel de Reigny), d'après P. Violet. In-8. Belle épreuve *imprimée en couleurs.*

CARDON — CHENON père

156. — Launay (Mis de), d'après Cagliostro — Regnault (J. B.), d'après de Beaurepaire. Deux pièces. Belles épreuves.

CARESME (Philippe)

157. — *Les Vœux patriotiques. Un Soleil levant et la Renommée annonce la naissance du Dauphin* (22 Octobre 1781), par Duchesne. In-fol. Deux très belles épreuves, dont une très transformée, est devenue le *Triomphe du Patriotisme, Dédié à la Patrie.* Très rare.

158. — Bravoure des Femmes Parisiennes à la Journée du 5 Octobre 1789. In-4 de forme ovale. Très belle épreuve.

159. — *Thomas de Mahy, Mis de Favras justement condamné et exécuté en Place de Grève le Vendredi 18 Février 1790.* Ovale in-4. Très belle épreuve *tirée en bistre.* Très rare.

160. — Michel Le Pelletier sur son lit de mort, par Boullay. In-4. Belle épreuve. Rare.

CARICATURES

161\. — Caricatures relatives aux Trois Ordres : *Le Niveau — A faut esperer q'eu jeu la finira ben tot — J'suis du Tiers-état — Allégorie dédiée au Tiers Etat — Tot tot tot... — Le Souhait accompli — Un seul fait les trois — Le Tiers état confesseur — Je suis député du Tiers — Le temps passé — Le temps présent — Ça n'durra pas toujour — Chantons, Célébrons, la Réunion des trois Ordres.* Treize pièces. Belles épreuves, la plupart *coloriées.*

162\. — *La France Figurée... — La Devideuse patriotique — Réveil du Tiers Etat — J'savois ben qu'jaurions not tour — Les trois Fumeurs — Allons Messieur buvons... — Palsangué Messieurs v'la le coup — Cette fois-ci... — Le Tems passé — Le Globe de la France sous les auspices... — Départ des trois Ordres pour Versailles — Tiers état —* (Partons aux Etats Généraux) — *Mieux vaut tard que jamais.* Quinze pièces. Belles épreuves, six *coloriées.*

163\. — *Bon nous voila d'accord — La Danse patriotique — Le Serment de réconciliation... — L'Œuf à la coque — tôt tôt battez chaud... — Allons Messieur buvons...* — La Bénédiction des Armes. — Les 3 Ordres sur un char traîné par des hiboux — *Le Tiers état confesseur — Le triomphe des trois ordres — A faut espérer q'eu... — Je les donne au Diable...* — Taille, Impots et Corvées — *Le Vœu accompli.* Quinze pièces. Belles épreuves.

164\. — Caricatures contre le Clergé : — *Ou est donc cet abbé que je l'acheve ?* — Le Moine qui se fait Séculariser (au fond du sujet un magasin d'estampes : *AU BASSET, Magasin de Mauvaises Copies*) — *Plus de pretres — Club National de Bordeaux* — Caricatures contre les Bulles du Pape Pie VI. Sept pièces. Belles épreuves, six *coloriées.*

165\. — *Que le Diable te ramasse — Au voleur... — Les deux Diables en fureur — Chassés le Naturel... — Arrivée du Pape aux Enfers — L'Abbé Verd Dansant... — L'Abbé Tise... — Les Voyageurs de nuit — Les Moines apprenant à faire l'exercice — Vie très croyable des Moines — Saint Pierre reniant le Pape. — Le Bref du pape brulé... — Le Moine au Privé.* Dix pièces. Belles épreuves, *coloriées,* sauf une.

166. — *Decret de l'Assemblée National* (sic) *qui supprime les Ordres Religieux... — Danse Aristocrate — Nouvelle Sinagogue de l'Encien Curé de St Sulpice — A votre tour Monseigneur — On me raze aujourd'hui... — Le Dentiste National — M^r le Juif voulez-vous... — Branle d'Autun — C'est bien dégoutant l'abbé... — La Chasse aux Aristocrates — Le Ventillateur — Etrenne du Tiers Etat au Clergé.* Douze pièces. Belles épreuves, *coloriées.*

167. — *L'Assemblée des Aristocrates... — Tableau des biens ci-devant du Clergé... — Le Maître de Danse... — La Soirée du Palais-Royal... — Le Tiers Etat mariant les Religieux avec les Religieuses — Eh L'Abbé l'Abbé... — Les Aristocrates aux Capucins — Ah! Monseigneur on veut... — Ah: vous l'avez bien mérité... — L'Instituteur des Aristocrates — Le Départ de la Ste Famille — Vous êtes Razé Monsieur l'Abbé — L'Erreur et la Folie...* Treize pièces. Belles épreuves, *coloriées.*

168. — Caricatures anti-révolutionnaires : Un chef de l'Armée révolutionnaire et un Sans-Culotte — *Souper du Diable — Acte de Justice du 9 au 10 Thermidor — Les Efforts et l'Impuissance de l'Athéisme... — L'huitre d'honneur d'Arras gobbée — Un Sans-culotte instrument de crimes... — Le Miroir du passé pour sauvegarder de l'avenir.* Sept pièces. Belles épreuves.

169. — Caricatures contre l'Angleterre : *Gouvernement Anglais — Ce gouvernement est représenté... — George Roi d'Angleterre commande en personne l'élite... — Ici se voit, comment le fameux Pitt... — Le jongleur Pitt soutenant avec une Loterie — La Grande Aiguiserie Royale de Poignards Anglais — Le Départ de l'Ambassade Anglaise — Le duc d'York roy des Sections de Toulon... — Subsistances portée par le duc Dyork à Toulon, etc.* Douze pièces in-fol. Très belles épreuves, *coloriées.*

170. — Caricatures de l'Époque révolutionnaire : *Les Jacobins lavent leurs confreres galeriens, soldats du Chateau vieux — Grande Seance aux Jacobins en janvier 1792 — D'un tas de fumier, les Jacobins tirent un ministre de la guerre — Messieurs Petion, Derue et Brissot... bourgeois de Chartres arrivant à Paris... — Les Malheurs de la France furent leurs*

ouvrages (Target, Barnave, Lameth, Necker, etc) — *Plan de campagne de Pichegru...* — *Tient (sic) voilà Monsieur depiballe* — *Le Maximum ou les avantages du Gouvernement Républicain* — *Départ des Apoticaires Patriotiques...* — *Le Petit Dumas venant annoncer à Mr Pethion...* — *Désespoir de de Lis Jph Condé...* Onze pièces in-4 gravées à la manière de lavis. Belles épreuves.

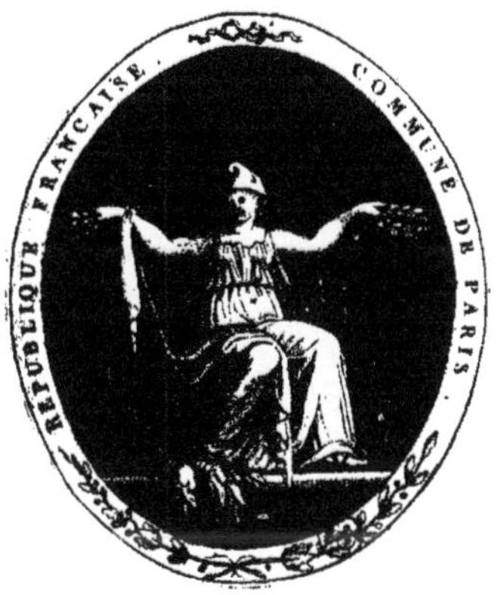

N° 215 du Catalogue.

171. — *Halte-Là, Monstres* — *Encore une fois Garre...* — *Le Ministre-linotte* — *Casse col des Jacobins...* — *Le Mea Culpa...* — *Le Ministre grave...* — *Digestion de la Constitution* — *Le peintre amoureux...* — *Phillippiques* — *Dernier effort des Jacobins* — *Cas du Manifeste du duc de Brunswick* — *Je suis entre le Peuple et la Loi* — *Grand maître de l'ordre du Cordon...* Treize pièces de forme ovale gravées à la manière de lavis. Belles épreuves.

172. — *La tyrannie révolutionnaire écrasée l'an III* — Liberté, Egalité — *Quelle proportion!* — *Ah l'bon décret* — *Maudite révolution* — *Les deux font la paire* — *Lettre du traite Bouillé...* — *Le Paisan gognenard* (sic) — *La chute du Ministère Linotte* — *Correction croyable* — Convoi des Abus — *Maudite agraffe...* — *Les Mechans me tourmentent...* Nous verrons qui l'emportera. — *Echantillon de l'Affaire de Mons.* Quinze pièces. Belles épreuves.

173. — *L'Armée de Ligne — Danse qu'ils Danseront — Le pied de nez du petit Condé... — La Conclusion de la Diète — Convoi des Jacobins — Le Tiers état prophète — Avis aux honnêtes gens — Sujet de la Sainte Colère... — Nouvelle Poudre à la Maréchal... — Tantot froid... — La Graine de Niais — La Cour des Pairs — Brissot Mettant ses gands — Le législateur la resource — Le guerrier constitutionel.* Quinze pièces gravées à la manière de lavis. Belles épreuves.

174. — *Grand Dieu de quel côté que... — Information des Journées du 5 et 6 octobre 1789 — Le français et l'Anglais rendant hommage... — l'Egalité de la Nature dans les trois ordres... — La chose impossible... — Les Abominables — L'Age d'or, l'âge de fer — Sept cent cinquante mecrasent — Le grand or du jour... — Le Diable après avoir couvé longtemps... — Fédération Anti Patriotique... — Le Géant Iscariotte Aristocrate.* Douze pièces. Belles épreuves, plusieurs *coloriées.*

175. — *La Baisse — La Hausse — L'Impayable, Rentier de l'Etat... — Convoi d'un Fermier général... — Avec vos mines de Singes...* (Les Rats de cave) — *Des Suppots de la Chicane — Des Capitaineries et Gardes... — De la Milice Délivrez nous Seigneur — De la Visite des Commis de Barrières... — Le François d'autrefois... — La boîte a Pandore — La Romaine aristocratique — Les Rois — La discipline patriotique ou le fanatisme corrigé.* Quatorze pièces. Belles épreuves.

176. — *Je C... sur les Aristocrates — Les Derniers Hoquets de l'Aristocratie — Deguisement Aristocrate... — Ma finte, Monsieur, je crois... — Elixir Aristocratique — Ah Dieu le Vent m'emporte — Le Doyen des Fermiers Généraux porté par quatre Commis aux Barrières... — Retour des Aristocrates de la Course de Londres — Le Corps Aristocratique... — Dame Aristocrate maudissant la Révolution — Monsieur Veto.* Onze pièces. Belles épreuves, *coloriées.*

177. — *Président d'un Comité Révolutionnaire s'amusant de son Art... — Quand s'ra la Poule au Pot — Vous verrez que je serai pendu... — Vous feriez bien mieux d'aller à l'Armée — Le Grand Pas de fait...*

— *Conjuration de Babœuf l'an IV — Grand retour du Ministre Linotte — Fête de l'ancien régime,* 2 états — *Mrs les Noirs lancent leur venin... — Mrs Delaunay, Flexelles* (sic) *cherchant à se rendre aux Champs-Elisées mais Caron...* Douze pièces. Belles épreuves.

178. — *Le Jeu de quilles — Au gagne petit — Le Noble pas de deux — L'Allégorie est assez Claire... — On m'attend aux Feuillants — J'y vais aux Jacobins — Au Coq-André... — Brise Moustache — Je vous l'avais bien dit... — L'Assemblée des Aristocrates — Ah! Je l'avais bien dit... — Les puissances étrangères faisant danser aux députés Enragés... — Avis aux Aristocrates — La toupie d'Allmagne — Moyen de faire prêter serment aux Evêques aristocrates... — Je n'en crois rien.* Seize pièces. Belles épreuves, la plupart *coloriées.*

179. — *Le Nez Cassé — Solation et Consolation des Foireux — Fi donc Mr l'Emigrant... — Amende honorable... — Citoyen actif... — Balance Eligible... —* Il faut en goûter — *l'Allégorie est assez claire... — L'abbé derangé... Ramasse ton bonnet — L'Exclusif — A ces traits... — Un monstre à trois têtes... — Monsr le gros Vicomte... — Collets dit Parasabre...* Quinze pièces. Belles épreuves, *coloriées.*

180. — *Une femme de condition fouettée pour avoir craché sur le portrait de Mr Neker — Le Restaurateur embarassé — L'Abbé Sang-suré — Heum! si je l'avais prévu... — Le Voyageur ou les Echasses — L'aristocrate a L'agonie prioit la Mort... — Honni soit qui mal y voit — Fameux Combat de Jean Bart, le Père Duchêne... — Je suis de la ci-devant Noblesse... — Au chef Passé présent et futur... — Né pour la peine.* Onze pièces. Belles épreuves, la plupart *coloriées.*

181. — *Suite du Duel le 2 Mars 1792... — L'Egout royal... — Mr Lucas se disant Député et faisant sa motion au Palais Royal — Eh! bien mon fils... — Grand evenement survenu... — Les Coups de Rabot — Il est Claire que... — J'ai écarté les cœurs... — Nuit du 4 au 5 août 1789 ou le délire patriotique — Bravo Vive la Constitution... — Prend courage...* Douze pièces, plusieurs *coloriées.*

182. — *Journée du 13 Avril l'Abbé M... sortant du n° 21 rue St Anne... — Retour de l'Abbé M... chez son Père* (L'Abbé Maury) — *L'Abbé Domino donnant ses leçons au café Turc — Pescheur des Filets de St Cloud — Le Marchand d'Habits — La Démocrate tenant les droits de l'Homme — La désolation de l'armée Prussienne battue*. Sept pièces. Belles épreuves.

183. — *L'Abbé Raynal en Délire — Arrivée du Pape au Paradis — La Noblesse et le Clergé Conduits par Caron dans leurs Domaines — Bombardement des Couronnes de l'Europe — L'Anarchie — Le Déménagement du Clergé — Un grand nombre de Prêtres refractaires... — L'Abolition des titres de Noblesse, juin 1790 — Lanterne magique Républicaine... — Cri-cri Français*. Dix pièces. Belles épreuves, la plupart *coloriées*.

184. — *Plusieurs membres du Haut Clergé... — Riq^ti Cra^te ayant disparu... — Monument élevé à Riq^ti... tonneau en 1790 — Courage, frère blaise — Le dentiste patriote — Oui je vaudroit pour la Nation... — Le Curé de S^t..* (Sulpice) *accompagné de deux Diables... — L'Astronome Bailly... — Recette pour détruire les Rats de cave... — Ils ne m'ont laissé que deux Chicots — Enterrement de très haut... Seigneur Clergé... — Rentrée joyeuse et triomphante des Don Quichottes Prussiens en Allemagne... — Le petit Condé piquant... — Vât'en voir...* Quatorze pièces, la plupart *coloriées*.

185. — *La discipline patriotique... — Une femme de condition fouettée... — Trois têtes sous l'meme bonnet — Vox populi — Etrennes aux patriotes — Il est pris — Ce Monstre votre idole... — Ou alliez-vous M^r l'Abbé — Le Perruquier patriote... — Les Parques Nationales parisiennes — Que faites vous la? Je suis en Penitence*, etc. Trente-quatre pièces, la plupart *coloriées*.

186. — *Cacando dicere verum quid vetat?* — La pelle au c... — *Magicienne consultée sur la révolution de 1789*, 3 pl. — *Sans vous je périssois — Le Vrai Patriote Chabot — Le Jacobin Royaliste — La Fée* patriote — *Assemblée Nationale, Ecueil des Aristocrates... — L'Ami de la justice et de l'humanité...* —

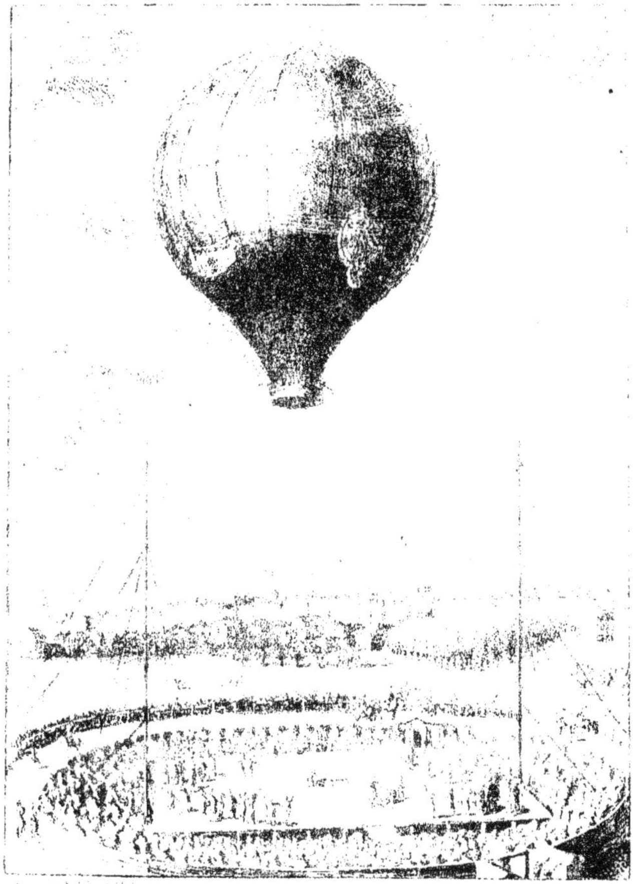

Bonaparte

Confrère, quel doit donc être notre sort... — Chasse patriotique à la grosse bête — Vous m'avez connu trop tard — La Confession Générale de deux personnes connues. Quatorze pièces, la plupart *coloriées.*

187. — *Le Calculateur patriote* 2 pl. — *Par moy vous êtes tous Frères — Ah! Vive la Liberté — Retour de deux émigrans — Les Intrigants foudroyés... — Le Chasseur patriote — La liberté triomphante ou les sans Cœurs terrassés — Ah! il est temps... — En reviendra-t'elle? — Président d'un Comité... — Vous aurez mon Prince... — Mr Brule bon sens... — Le Maître de Danse Brabancon...* Quatorze pièces. Belles épreuves, la plupart *coloriées.*

188. — *Hélas je ne peut pas vous donné... — Voila ce que c'est... — Le serment de réconciliation des trois Ordres — Rage et Désespoir du Petit Electeur de Treves... — Encore eut-il mieux valu plier que rompre — Assemblée des Aristocrates — Indigestion du Diable — Retraite des héros de Pilnitz — Les Efforts patriotiques — Capitaine à louer — Retour d'un Emigré — A beau prêcher... — Le Diable ne sera... — Dedie aux bons patriotes — Arlequin Général d'Armée — Les Aristocrates a Lanternopolis.* Seize pièces. Belles épreuves, la plupart *coloriées.*

189. — *Le Tems donnant les cendres à la noblesse et au clergé,* 2 pl. — *Pompe funèbre de très haut... clergé de France décédé le 2 novembre 1789... — Le Cric de la France — La Conquête de l'Egalité ou les trames déjouées... — Le Pape mangeant du fromage — L'Abbé M... Chassé des Enfers — Don Isachar Grand Inquisiteur... — Le Père l'Abbé Quille... — Vive la Liberté... — Legislateur futur... — La Nouvelle Taille — Je viens des Feuillants — Je viens des Jacobins.* Quatorze pièces. Belles épreuves, la plupart *coloriées.*

190. — *Francs et généreux sans détour... — Naissance des Aristocrates... — Il faut donc mourir... — Les Brigands d'Avignon — Ah le bel Enfant... — Le sort mérité — Ils lont pri!... — Lequel faut-il donner? — L'Abbé d'Aujourd'hui, l'Abbé d'Autre-fois — La Royauté sous Cloche — Origine des blasons —*

Je suis comme le Tems... — *Combat entre le Père Duchêne et l'Abbé Casse* — *Les Couches de Mr Target* — *La Chute en Masse...* — *A bas les impiots* — *Bombardement de tous les trônes de l'Europe...* — *Le Grand Coup de Ballet Nationale...* Dix-huit pièces. Belles épreuves, la plupart *coloriées*.

191. — *Convoi de très haut et très puissant seigneur des abus Mort sous le règne de Louis XVI...* Trois pièces in-fol., différentes, par Sergent et Mixelle. Belles épreuves.

192. — Caricatures sur Mirabeau, dit Mirabeau-Tonneau. Onze pièces, plusieurs *coloriées*.

193. — *L'Amour du temps présent* — *Visites du Nouvel An, 1803* — *Le Désagrément des Capotes ou le Baiser impossible*. Trois pièces, *coloriées*.

CARMONTELLE (L. Carogis de)

194. — Orléans et son fils (Le Duc d'), 1759 (P. de B. 3). Belle épreuve, sans marges.

195. — La Malheureuse famille Calas. In-fol.

196. — Chauvelin (P. et B. 5) — Fontenay (G. F. de) (11) — Waldner (Cte de) (26). Trois pièces par Delafosse. Belles épreuves.

197. — Clairaut (A. C.) — Bachaumont (de) — Waldner (C. F. D. Cte de). Trois pièces par Delafosse.

198. — Brizard, dans *Mérope* (P. et B. 4) — Xaupi (J.) (27) — Chauvelin — Lioney (J. F.), par *Miger*. Quatre pièces. Très belles épreuves.

CARPANTIER (L.)

199. — *L'Heure premiere de la Liberté* (Délivrance des prisonniers à la Bastille). In-fol. *tiré en bistre*.

CARS (J. F. et L.)

200. — Bailly (F. J. J.), d'après J. Raoux — Vertot (R. d'Aubert de), d'après Delyen — Beauveau (M. de), d'après Gobert — Fleuriau d'Armenonville. Quatre pièces.

CARTES D'IDENTITÉ, DE CIVISME, BREVETS, etc.

201. — Carte de Vainqueur de la Bastille (14 Juillet 1789). Petite pièce fort rare. Très belle épreuve.

202. — COMMUNE DE PARIS : Section du Théâtre Français : carte de J. L. SOULAVIE.

203. — CONVENTION NATIONALE, carte de citoyen député, 1793, petite pièce de forme ronde signée : *Androphile Sergent fecit.*

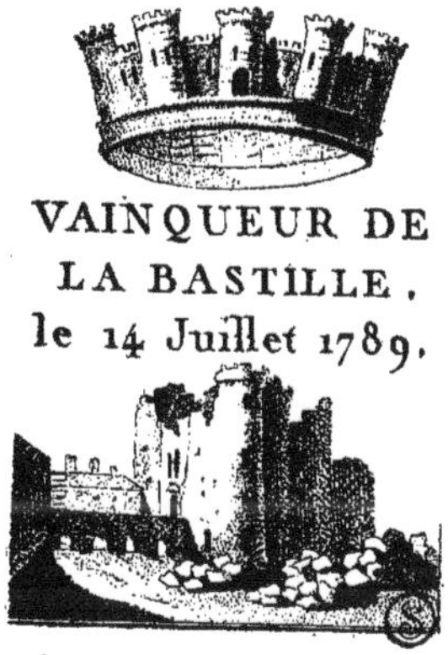

N° 201 du Catalogue.

204. — Cartes du COMITÉ DE SALUT PUBLIC : Section de la Guerre — Armée de Sambre-et-Meuse. Quatre petites pièces par F. M. Queverdo, y compris un double. Belles épreuves.

205. — SOCIÉTÉ POPULAIRE DU CONTRAT SOCIAL (avec le tombeau de J.-J. Rousseau) — Comité révolutionnaire du Contrat social. Deux petites pièces.

206. — Carte de la SOCIÉTÉ POPULAIRE DE LA RUE DE MONTREUIL (Président Secrétaire). Petite pièce de forme ronde.

207. — Carte des JACOBINS (*Unité, Indivisibilité... ou la Mort*) — (Nature). Deux petites pièces de forme ronde.

208. — DÉPARTEMENT DE SEINE-ET-MARNE : Carte d'identité d'un *sociétaire sans-Culotte.*

209. — Carte de la SOCIÉTÉ POPULAIRE DE CRÉCY, affiliée aux Jacobins, vignette avec les effigies de Marat et de Le Pelletier.

210. — COMITÉ RÉVOLUTIONNAIRE : carte du district de Versailles. Epreuve *coloriée*.

211. — Carte de la Fête de l'union de tous les départemens célébrée à Paris le 10 août 1793.

212. — Carte du COMITÉ RÉVOLUTIONNAIRE (an 2, 1793). Epreuve *coloriée*.

213. — Carte de la SOCIÉTÉ POPULAIRE DE MEUDON. Petite pièce de forme ronde.

214. — Carte de la SOCIÉTÉ POPULAIRE DE NANCY RÉINTÉGRÉE.

215. — Société populaire de Brutus — Commune de Paris — Cartes ou dessus de tabatières à emblèmes républicains. Cinq pièces, trois coloriées.

216. — Carte de Signalement — Carte de la Confédération du 14 Juillet 1790 — Cartes diverses de l'époque de la Révolution — Carte d'une fête patriotique de Milan. Sept petites pièces de forme ronde. Rares.

217. — Tribunal de Cassation — Municipalité (Canton de Paris), par P. P. Choffard. Deux pièces.

218. — Brevet de Garde National (1re République) — Brevet de *Canonnier montagnard de Meulan* (1re République). Deux pièces rares.

219. — Volontaires de la Garde Nationale : HAUT-RHIN, *Municipalité de Belfort*, formule d'enrôlement. Petit in-fol. Rare.

220. — En têtes de papiers de la 1re République — Cartes — Carte de visite de Mr T. d'Haudricourt. Neuf petites pièces par Queverdo, Masquelier, Godefroy, Pigeot et anonymes.

221. — *Médaille donnée par la Ville de Paris à MM. les Députés des Districts des 83 Départements de la FRANCE* — Commune des Arts — Carte de la Municipalité de Paris — *Hommage fait par P. F. P.* (Palloy) *a chaque représentant du peuple — Hommage fait au Corps Législatif et au Directoire par P. F. Palloy patriote pour la vie*. Cinq pièces, deux gravées par P. P. Choffard, l'une porte la signature manuscrite du graveur Gaucher.

222. — *Tableau civique Placé au dessus de la porte de Mr Mogue, Homme de loi Le 3 Décembre 1790.* In-fol., *colorié.* Rare.

CATHELIN (L. J.)

223. — Marie-Antoinette, Dauphine de France, d'après Fredou In-fol. Belle épreuve coupée à l'ovale.

224. — La Roche-Aymon (Ch. Ant. de), d'après Roslin 1773. Très belle épreuve.

225. — France (Marie Adélaïde Clotilde Xavière de) — France (El. Philippe-Marie-Hélène de) — Marie-Thérèse, reine de Hongrie. Trois pièces, d'après J. Ducreux. Belles épreuves.

226. — Rouelle (G. F.) — Broglie (V. F. duc de) — Marie-Thérèse, d'après Ducreux — Fr. M. Bruno, comte Dagay, d'après Chevalier — Pierre Rousseau, d'après Davesne — Desault (P. J.) — Tocqué (L.) — Aligre (E. Fr.) Huit pièces. Belles épreuves.

CATHELIN — ANONYME

227. — Louis XV, en pied, d'après L. M. Vanloo et d'après ***. Deux pièces gr. in-fol., une *avant toute lettre.*

CAZENAVE — VÉRITE

228. — Journée du 20 Juin 1792 — Dévouement de Mme Elisabeth, 20 Juin 1792 — Séparation de Louis XVI d'avec sa Famille — Louis XVI avec son Confesseur — Marie-Antoinette séparée de sa Famille — Jugement de Marie-Antoinette. Suite de six pièces gr. in-fol. avec les 6 pl. de trait explicatif. Belles épreuves.

CERNEL (Mme de)?

229. — La Motte (Cte et Ctesse de) — Cagliostro (Cte et Ctesse de) Etienville (d') — La Tour (Mlle de) — Le Guet d'Oliva (Mlle) — Mella de Courville Sulbark (Mlle). Huit pièces. Belles épreuves tirées en *deux tons* (bistre et sanguine).

CHANSONS

230. — *L'Allégresse Normande. Air: Vive Henri!* (Louis XVI et Marie-Antoinette reçoivent les hommages des

magistrats de Normandie, à l'occasion de la naissance du duc de Normandie). In-fol. Très belle epreuve. Très rare.

231. — *Têtes à changer: Vaudeville du tems. Air: Vive la faribole...* 1783. In-fol. Belle épreuve *coloriée*.

232. — *Assemblée des Etats Généraux convoqués à Versailles le 27 avril 1789 et Remise au 4 mai.* Estampe populaire accompagnée d'une chanson. Fort rare.

233. — Révolutionnaires dansant autour d'un arbre de liberté. Au bas: *Refrains patriotiques: Si vous aimez la danse — Dansons la carmagnole Ah! ça ira...* Petit in-fol. Très belle épreuve, *coloriée*.

234. — *Les Femmes en ribote, chanson nouvelle ou Le Départ des Amazones françaises des 83 Départemens.* Chanson surmontée d'une image populaire (rognée à droite).

235. — *Ronde au tembour. Air: Dans les amours d'été.* Image populaire accompagnée d'une chanson, publiée à *Bordeaux le 15 Octobre 1790.*

236. — *La Contre-Révolution, pot-pourri patriotique.* Chanson surmontée d'une vignette. Très rare.

237. — *La Mort de Mr D'Malbrouk — La Mort du très grand et Invincible Malbrouk. — La Poncelinade. — Réveil de Malborough.* Quatre pièces. Belles épreuves, *coloriées* (sauf une).

238. — *Bulles du 18e Siècle* (A Paris chez Potrelle). In-fol. Deux très belles épreuves. une *coloriée*.

CHASTILLON (Claude)

239. — Vues de villes et chateaux de France : Falaise — Chatillon-sur-Loing — Crémieulx en Lyonnais — Condé — Baudinant — Bouteville — La Guerche — La Grimaudière — La Morinierre — Tours — Baugy — Bruierre — Chatillon-sur-Indre — Angoulême — Gourville — Portille d'Amiens — Jussy, etc. Trente pièces. *Ce n° sera divisé.*

CHATAIGNIER (Alexis)

240. — Costumes des Membres du Directoire Exécutif. Sept pièces. Très belles épreuves, *coloriées*.

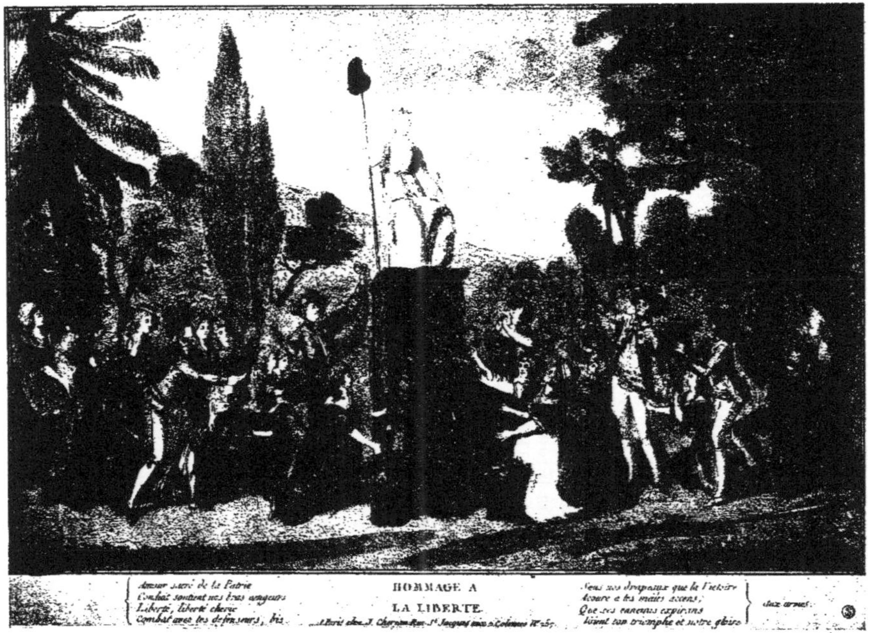

N° 243 du Catalogue.

CHENU (P.)

241. — Nieuport (Fr. Etiennede), d'après Montperin. — Dumont de Valdajou, d'apr. Le Sueur. Deux pièces. Belles épreuves.

CHENU — LE BAS — FESSARD, etc.

242. — Portraits — Sujets allégoriques — Statues. Trente-huit pièces relatives à Louis XV. Belles épreuves, plusieurs *avant la lettre*.

CHÉREAU (A Paris, chez J.)

243. — *Hommage à la Liberté — Amour sacré de la Patrie...* In-fol. Curieuse image populaire. Très belle épreuve, *coloriée*.

244. — Vue du Jardin national et des décorations — Vue de la Montagne élevée au Champ de la Réunion... pour la fête en l'honneur de l'Etre suprême (20 Prairial an 2). Deux pièces in-fol. Belles épreuves.

CHEREAU — GALLIMARD — GAULTIER

245. — Pavyot du Bouillon — Vleughels (N.), mausolée, 1744 — La Planche (F.). Trois pièces. Belles épreuves.

CHEVILLET (Juste)

245 *bis*. — Miromesnil (A. Th. Hue de), d'après Wille fils — Sartine (G. Gabr. de), d'après Vigée. Deux pièces in-fol. Belles épreuves.

CHODOWIECKI (Daniel)

246. — Les Adieux de Calas à sa Famille. In-fol. — *Les effets de la sensibilité sur les quatre différens Tempéramens*. In-4. Deux pièces.

CIPRIANI — HUET — EISEN, etc.

247. — Sujets divers relatifs à Héloïse et Abeilard. Dix pièces, une *imprimée en couleurs*.

CLÉMENS — CLÉMENT

248. — Bonnet (Ch.), d'après Juel — Clermont Tonnerre (St. Cl^{te} de), d'après Le Camus. Deux pièces. Belles épreuves.

CLÉMENT (A.)

249. — Lefranc de Pompignan (J. G.), d'après Le Camus. In-8. Très belle épreuve *imprimée en couleurs.*

COCHIN FILS (Ch. Nic.)

250. — Illumination et feu d'artifice donné au Dauphin à Meudon, le 3 7bre 1735 — Décoration de la Salle de spectacle (Manège de Versailles) à l'occasion du Mariage du Dauphin avec Marie-Thérèse, Infante d'Espagne.

251. — Pompe funèbre de Polixène de Hesse Rhinfels à Notre-Dame de Paris, le 24 mars 173r — Pompe funèbre de Marie-Thérèse d'Espagne à Notre-Dame de Paris le 24 novembre 1746 — Pompe funèbre de Catherine Opalinska de Pologne à Notre-Dame de Paris, le 18 mai 1747. Trois pièces.

252. — *Mort de Mgr Louis Joseph Xavier François Dauphin de France... décédé au Château de Meudon, le 4 Juin 1789, dans la 8e année de son âge.* In-4 gravé à l'aqua tinte. Belle épreuve. Très rare.

253. — Planche pour l'histoire de Louis XV par Médailles Rare épreuve à l'état d'eau-forte.

254. — Turenne (Pce de) — Trudaine — Savalette de Buchelay — Abbé Pommier — Brosses (Ch. de) — E. Jeaurat — Descamps — Delassone. Huit pièces par Cochin, St Aubin, etc. Belles épreuves, une *avant la lettre.*

255. — Cochin fils (en-tête) — A. Renou — Moreau le jeune — Favart (Mlle) — Le Gros (J.) — Philidor — Monet — Maloët — Baumé (A.) — Blanchard — Gauzargues (C.) Douze pièces. Belles épreuves, une à l'état d'eau-forte.

256. — Cochin fils — Le Bas (J. Ph.) — Le Roux (L.) — Mariette (P.) — Loustaunau (J. B.) — Petit (A.) — Brenet (N. G.) — Le Blond (G.) — Lorry (A. C.) — Thomas (A.) — Marigny (Mis de) — Turgot — Coqueley de Chaussepière — La Vallière (duc de) — Copette (P. F.). Seize pièces. Belles épreuves.

257. — Boudot — Thomas (A.) — Fréron — Marmontel — Rigoley de Juvigny — Bourgogne (F. de) — Allégorie sur la mort du Dauphin (sans marges) —

Brunet de Neuilly — Bougainville (de) — Sorbet (C. L.) — Guérin (G. M.) — Morand (S. F.) — Dodart — Falconet — La Condamine — Dortous de Mairan — Marigny (Mis de). Dix-sept pièces, par Cochin, St Aubin, Choffard, etc.

258. — Boutin — Dumont, le Romain — Lempereur (J. D.) — Pierre (J. B. M.) — Roettiers (J.) — Mariette (P. J.) — Pigalle — Coustou (G.) — Chardin — Coustou (C. P.) — Le Roux (L.) — Jombert — Prault — Marmontel — Pommyer (abbé) — Vence — Beaujon — Clicot de Clerval — Poisson de Vandières — Watelet — Radix (J. L.) — Denis (J. F.). Vingt-trois pièces.

COCHIN, GUÉLARD, BOSSE

259. — Portraits de Louis XV. Huit pièces, par Cochin, Guélard, Bosse, Baquoy, Audran, Le Bas, Le Mire et Tardieu. Belles épreuves.

COLIBERT (Nicolas)

260. — Roland (Jean-Marie). In-fol. Très belle épreuve, tirée en bistre.

261. — La Patrie secourue, 1793. In-fol. Belle épreuve *imprimée en couleurs.*

COLLAERT (Jean)

262. — Ornements de bijouterie, titre : MONILIVM BULLARVM INAVRIVMQVE ARTIFICIOCISSIMÆ ICONES IOANNIS COLLAERT OPUS POSTREMVM 1581, et deux planches. Belles épreuves.

COLLIN

263. — Grilles, Balcons et Fontaines de la Place Royale de Nancy, 1761. Trois pièces in-fol. Belles épreuves.

COLLYER (Joseph)

264. — Pilatre de Rozier (Fr.), d'après J. Russell 1786. In-4. Très belle épreuve.

CONTGEN (G. Jos.)

265. — *Les Plans de la guerre de Sept ans contenans les Batailles, Combats... gravés et mis au jour aux dépens de l'Auteur... avantageusement connu par la Justesse et la Pureté de son Burin...* Prospectûs illustré et vingt-huit pl. in-fol., plusieurs relatives à l'*Amérique*. Belles épreuves.

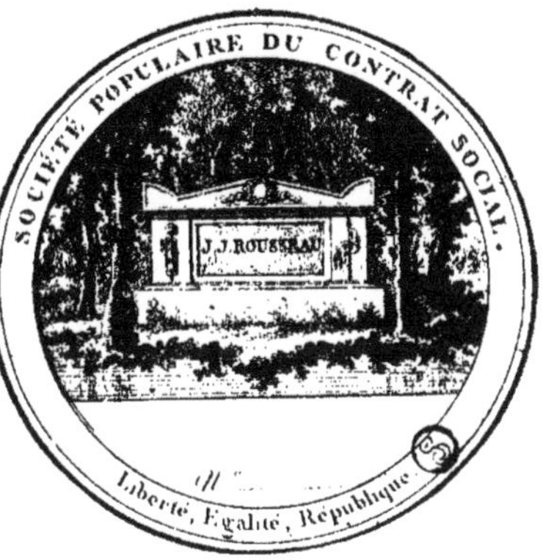

N° 205 du Catalogue.

COPIA (L.)

266. — Marat, d'après L. David. In-fol. Très belle épreuve. Rare.

267. — *Les Martyrs de la Liberté* (Marat et Lepelletier S' Fargeau), d'après Sauvage. In-12 de forme ronde. Très belle épreuve. Rare.

COPIA — COMPAGNIE

268. — Le Maréchal ferrant de la Vendée, d'après Sablet — Le Porte-Drapeau de la Fête civique, d'après Boilly — Genlis (Mme de) — République Française, d'après Fragonard fils — Le Restaurateur des Sans culottes. Cinq pièces. Belles épreuves.

COSSIN — DAVID (Ch.)

269. — Chulemberg (Jean de), d'après C. Bernard — B. Fran. de Paule — Marie Stuart. Trois pièces. Belles épreuves.

COSTUMES

269 *bis*. — Costumes de Chevaliers — Estampes relatives aux Tournois. Quatre pièces in-fol.

270. — Costumes militaires du temps de Henri IV, dessinés par A. van Breen. Suite de trente pièces in-4 — Costumes militaires de la même époque, 16 pl. Ensemble quarante-six pièces. Belles épreuves.

271. — Femme de qualité en écharpe — Mlles Loison se promenant aux Thuileries — Homme de qualité jouant de la basse de viole — Femme de qualité en déshabillé négligé, etc. Douze pièces par J. D. De St Jean, 1694. Belles épreuves.

272. — Costumes relatifs au Théatre : Catherine Biancollelli, dite Colombine — Angélique Toscano, dite Marinette — Mlle Moreau, Musicienne de l'Opéra — Mlle du Fort, danseuse à l'Opéra, etc. Sept pièces publiées par Bonnart, Mariette, Trouvain, Berey. Belles épreuves.

273. — Homme de qualité en habit de bal à l'Espagnol — Homme en habit de masque — Mr Balon dansant à l'Opéra — Arlequin — Castillan dansant la sarabande à l'Opéra — Mazzatin — Dame Radegonde. Sept pièces publiées par Bonnart et Trouvain. Belles et rares épreuves *habillées d'étoffes de soie*.

274. — La Belle Barbière — La Sage femme — Mlle *** allant par la ville — Mlle de Monbrun — Mme L. C. D. C. estant a l'Eglise — Les Divertissements de l'hyver, Philis De La Tour — Capitaine de Carabiniers — Jeune Prince apprenant à monter à Cheval — Femme de qualité à la mode, etc. Vingt-deux pièces publiées par Bonnart, Trouvain, Mariette, Berey, Gole. Belles épreuves.

275. — Galerie des Modes et Costumes Français, pl. 335 à 338. Quatre pièces d'après Watteau fils. Belles épreuves, *coloriées*.

276. — Grande robe de Cour — Nouvelle robe dite de Longchamps — La jeune et élégante Suzanne en caraco... — Jeune femme en robe à la Polonaise — Robe à la Lévite — Habillemens d'enfans dans le nouveau goût — Joséphine au Palais-Royal — Mlle Victoire offrant sa rose d'amour au Palais-Royal — Marchand

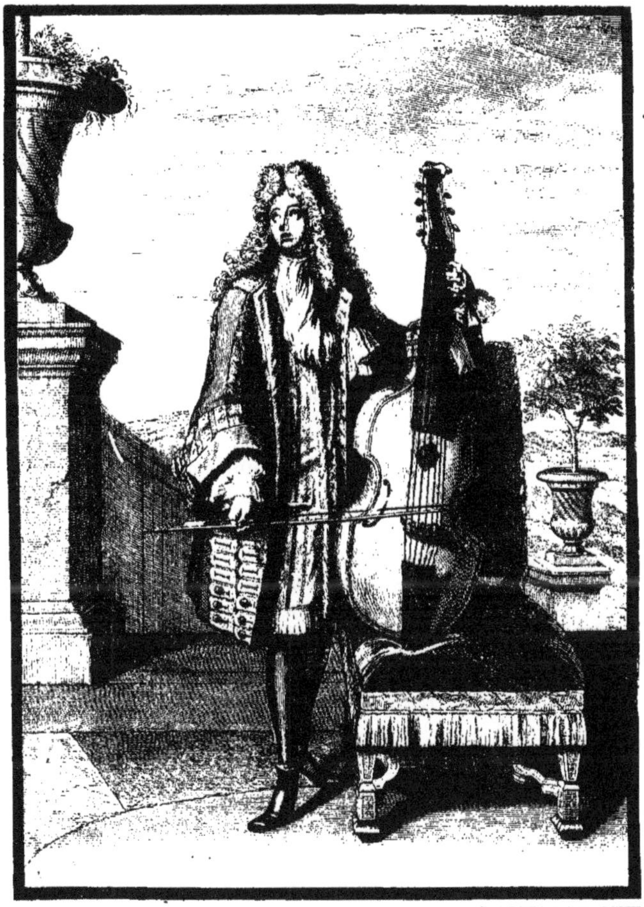

Dessiné par I. D. De S. Iean 1695. avec privilege du Roy

Homme de qualité joüant de la basse de Viole

N° 271 du Catalogue.

de Modes allant en ville. Quatorze pièces par Dupin, Baquoy, Guyot, d'après Watteau fils, G. de St Aubin et Desrais. Belles épreuves, dix *coloriées.*

277. — Grenadier, par Hoffman (*colorié*).

278. — *Costumes des Représentans du Peuple Français et Fonctionnaires Public Dessiné et Colorié d'après Nature avec le plus grande précision* (A Paris chez Angrand). In-fol. Rare.

279. — Costumes des Membres du Directoire — Costumes de la Garde Nationale (1792). Trois pièces publiées chez Basset. Belles épreuves *coloriées*. Très rares.

280. — Costumes des Sans-Culottes: Le Sans-culotte intrépide — *Sans Culottes du 10 aoust...* — *Le bon sans culotte* — *Madame sans Culotte* — *Le Sans culotte rendant hommage à l'Etre Suprême* — Le Sans-Culotte généreux — La Femme du Sans Culotte, etc. Neuf pièces *coloriées* ou imprimées en deux tons.

281. — Costumes divers: *Vainqueur de la Bastille* — *Théophilantrope* — Costumes civils et militaires (Marie-Antoinette, Député, Grenadier, etc.), 10 pl. — Costumes de femmes (époque Louis XIV), 4 pl. — Commissaire du Directoire Exécutif — Costume de Cérémonie de Messieurs les Députés des trois Ordres aux Etats-Généraux.

282. — COSTUMES DE PARIS, publiés par F. Bonneville (pl. 2, 6, 8, 10, 16, 18, 22 et 28). Huit pièces *coloriées.*

283. — *Le Financier à la Campagne en habit du matin* — *Costume d'une Rouanaise à la Federation* — *Francoises devenues Libres* — *La belle Adeline faisant aller son Emigrant* — *L'Acheté* — *Le Sistematique* — *L'Exclusif* — *L'Indépendant* — Habillemens du règne de Louis XV, 2 pl. — Modes de 1720 — Costume Français, 2 pl. — Coiffures, 2 pl. Quinze pièces.

284. — Calèche anglaise ? In-fol. — Berline Anglaise. In-8. Deux pièces. Très belles épreuves, la 1re *avant toute lettre, coloriée.*

COYPEL — REGNESSON — ROULLET

285. — Aymon Premier — Delpech (J.), d'apr. Largillière — Fremin (Ant.) — Voisin, d'après Ph. de Champaigne — Colombière (M. de Wlson de la), d'après Nanteuil. Cinq pièces.

CRÉPY — LE CŒUR — DESOMBRAGES

286. — *La Journée à jamais mémorable... ou Louis XVI... se rendit à l'Hôtel-de-Ville* (17 juillet 1789) — *A l'Eternelle mémoire de L. Ph. Joseph duc d'Orléans* — *O Liberté! Naisse bientôt le jour...* Trois pièces. Belles épreuves.

CRIMINELS (Estampes sur les)

287. — Les Subtilitez de la Voisin, pièce in-fol. de forme ronde, très rare — Portrait de la Voisin (*Je fus du Genre...*). Deux pièces.

288. — Cartouche — Mandrin (Louis) — Derues (Ant. Franç.) — Desrues (Mlle Lse Nicolais Femme d'Ant.). — Poulailler et ses complices. Six pièces. Belles épreuves.

289. — *Poulailler et son domestique dessinés d'après Nature*, image populaire accompagnée d'une chanson — *Le Fameux Poulailler*. Deux pièces rares, la seconde *coloriée*.

290. — Histoire de Desrues, 9 scènes gravées sur le même cuivre. In-fol. Très belle épreuve. Très rare. — *Tableau* historique des forfaits commis par Antoine Desrues, 12 sujets.

291. — *Le portrait de R. F. Damiens, qui a osé blesser d'un couteau la personne sacrée du Roi* — Damiens sur un grabat dans la tour de Montgommerie. Trois pièces. Belles épreuves.

DAMBRUN — DUVAL — ELLUIN

292. — Durfort de Duras, d'après Queverdo — La Peyrouse, *avant l. l.* — Duplant (Rosalie) — La Ruette — Muly (D. L.) — Houbigant — Raulin. Huit pièces. Belles épreuves.

DARET (Pierre)

293. — Du Verger de Hauranne (J.), d'après Dumonstier — Tristan Lhermitte — St Aignan (Cte de) — Franç. Hyacinthe, Duc de Savoie, 1638 — Vladislas IV, roi de Pologne et de Suède, 1645. Cinq pièces. Belles épreuves.

DARET — FROSNE — BOISSEVIN

294. — Personnages célèbres (Règnes de Louis XIII et de Louis XIV). Quatre-vingt-deux pièces. Belles épreuves.

DAUDET (R.)

295. — Décoration funèbre pour le Service du Mal de Villeroy, à Lyon, 15 7bre 1730. Belle épreuve.

DAULLÉ (Jean)

296. — Caylus (Marguerite de Valois, comtesse de), d'après H. Rigaud, 1743 (E. Del. 84). Belle épreuve.

297. — Pallu (le R. P. Martin), d'après Nonotte (55). Epreuve *avant toute lettre.*

298. — Aguesseau (H. F. d'), d'après Vivien — Nonnotte (D.), peintre, d'après lui-même — Hecquet (Ph.) — Louis XV, médaillon ornant un titre, d'après E. Bouchardon — Gauffecourt ? d'après Nonnotte, 1754. Cinq pièces.

DAVID (F. A.)

299. — Mademoiselle de France, née le 5 août 1770. In-8. Très belle épreuve. Rare.

DAVID (d'après Louis)

300. — Serment du Jeu de Paume, par Denon. Grand in-fol. Belle épreuve. Rare.

DAVIGNON

301. — Bonaparte, portrait équestre exécuté en imitation de traits de plume. — Cambacérès. Deux pièces. Belles épreuves.

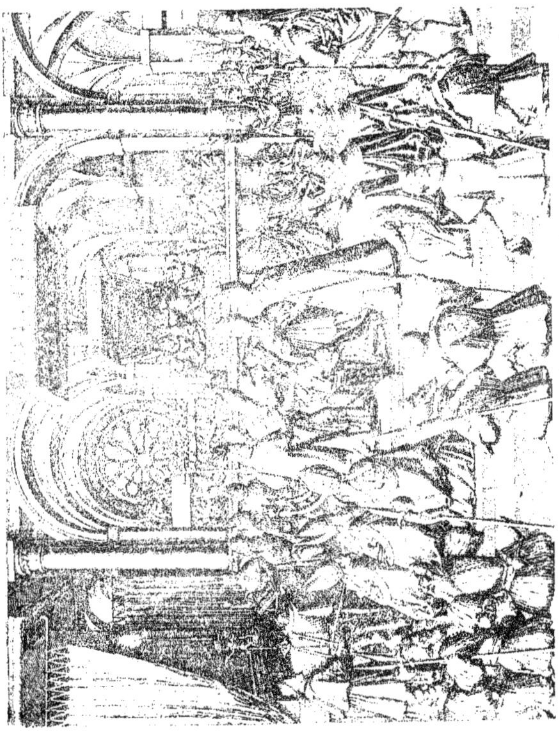

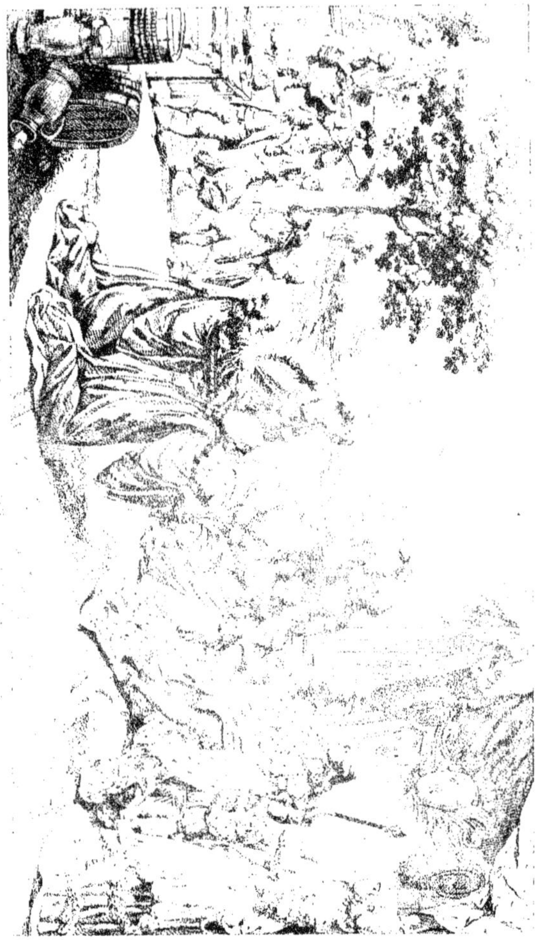

DELANAUX

302. — Kosciusko, général Polonais, d'après Quenedey, 1793. In-8 de forme ovale. Belle épreuve.

DE LAUNAY (Nicolas)

303. — Choiseul (Et. Franç. duc de), d'après L. Vanloo — Bignon (A. J.), d'après F. Drouais, 1769. Deux pièces in-fol. Belles épreuves.

304. — Expérience faite à Versailles en présence de leurs Majestés, par Mr Montgolfier, le 19 Sept. 1783 — Premier voyage aérien... dans le Jardin de la Muette sous la direction de Mr Montgolfier — Troisième voyage aérien fait à Lyon le 19 janvier 1784. Trois pièces in-8, d'après le Chr de Lorimier. Belles épreuves.

DELAUNAY (N. et R.)

305. — Laurens de Reyrac — Raynal (G. T.) — Dernières paroles de Mirabeau, d'après A. Borel. Trois pièces.

DEMARTEAU (Gilles)

306. — Louis-Auguste, Dauphin de France — Marie-Antoinette, Dauphine de France, 1770, d'après Vassé. Deux pièces in-4 de forme ronde. Belles épreuves *tirées eu sanguine.*

DENON (Dominique-Vivant)

307. — Costumes du Directoire, d'après L. David. Cinq pièces, *coloriées.*

DENY (à Paris chez)

308. — Prise et Démolition de la Bastille. Deux pièces ovales in-4, faisant pendants. Très belles épreuves.

DEQUEVAUVILLER — DUPONCHEL — DUPRÉEL

309. — Aigrefeuille (F. J. J. H. d'), d'après H. Rigaud — Méro — Pelletier (J. A.) — Warens (Mme de), d'après Braer, *avant la l.* Quatre pièces. Belles épreuves.

DESMAISONS

310. — Le Sueur (François), Aveugle, Agé de 18 Ans, lisant à l'aide des doigts, 1784. In-4. Belle épreuve. Rare.

DESPLACES (L.)

311. — Bécaille (Marg.), veuve de M. Titon, d'après N. de Largillière. In-fol. Belle épreuve.

312. — Duclos (Mlle), rôle d'Ariane, d'après N. de Largillière. Belle épreuve.

DEVÈRE

313. — Pillage de l'Hôtel-de-Ville de Strasbourg, le 22 juillet 1789. In-fol. Belle épreuve, *coloriée*.

DIDIER

314. — La France tenant le livre des Lois de la Constitution Française, allégorie avec le buste de Louis XVI. Deux épreuves, l'une avec de nombreux changements; on lit la légende suivante : *La Liberte Dictant ses Lois aux Nations* et le buste de Louis XVI est remplacé par les médaillons de Marat, Le Pelletier et Charlier.

DIVERS

315. — Portraits, scènes d'histoire, costumes relatifs au Règne de Charles VI. Cent-douze pièces en 1 vol. petit in-fol., cart.

316. — ANIMAUX FANTASTIQUES : *Le Canard Chat, Petit monstre dessiné sur la Nature*... In-4 avec légende et signature manuscrite de l'artiste — Bête féroce du Gévaudan, 2 pl. — Le Tricephale africain ou le monstre à trois têtes — Les Monstres marins et terrestres. Cinq pièces.

DRAPEAUX

317. — Feuille contenant soixante drapeaux des Districts de Paris. In-fol. Belle épreuve *imprimée en couleurs*. Très rare.

318. — Drapeaux des Districts de Paris. Cinquante-huit pièces in-4. Très belles épreuves *coloriées*. Rares.

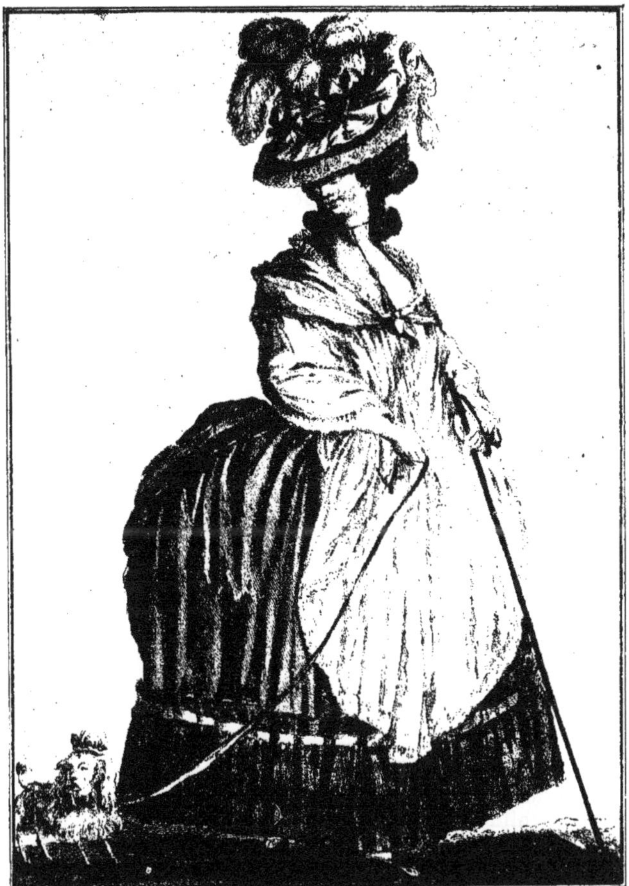

Jeune femme en robe à la Polonoise avec un grand mantelet blanc à la mode: elle est coeffée d'un chapeau en parasol, garni de blonde rabattue tout autour, et surmonté d'un bouquet de plumes.

N° 2-6 du Catalogue.

DREVET (les)

319. — *Le vray portrait de St Bernard premier abbé de Clairvaux* (D. 18). In-4. Belle épreuve (sans marge sur 3 côtés). Rare.

320. — Tressan (L. de la Vergne de), aux pieds de la Vierge, grande planche (D. 31). Belle épreuve.

321. — Pucelle (René), d'après H. Rigaud (29). Belle épreuve.

322. — Le Couvreur (Adrienne), d'après Ch. Coypel (24). Belle épreuve.

323. — Sainte-Marthe (Denis de), d'après Cazes (30). Belle épreuve.

DUCHEMIN (R.)

324. — *Louis XVI, Roi d'un peuple libre*, d'après Ph. Caresme. Ovale in-4. Très belle épreuve. Rare.

DUFLOS (Claude)

325. — Ballard (R.), d'après Le Fevre — Crequy Lesdiguières — Thierry (Denis) — Lombard-des-Evers (A.), d'après Beauvais — Gondy (Famille de). Seize pièces. Belles épreuves.

DUMONSTIER (Geoffroy)?

326. — Portraits en pied de Claude de Guise et d'Antoinette de Bourbon, sa Femme. Deux pièces anonymes fort curieuses et très rares.

DUPIN (les)

327. — Louis (Antoine), 1778 — Orléans (Lse Marie Thse Bathilde d') — Moreau (J. N.) — Assas (Chr d') — Artois (Me Thérèse de Savoie, Csse d') — Verdier (J.), d'après Fossier — Dorat — Marie-Thérèse-Charlotte de France — Maurepas (Phélypeaux de). Neuf pièces. Belles épreuves.

DUPLESSI-BERTAUX (J.)

328. — Thurel (Jean) — Bataille d'Austerlitz — Bataille de Jemmapes — La Fête de la Réunion, d'après P. A. Wille. Quatre pièces. Belles épreuves.

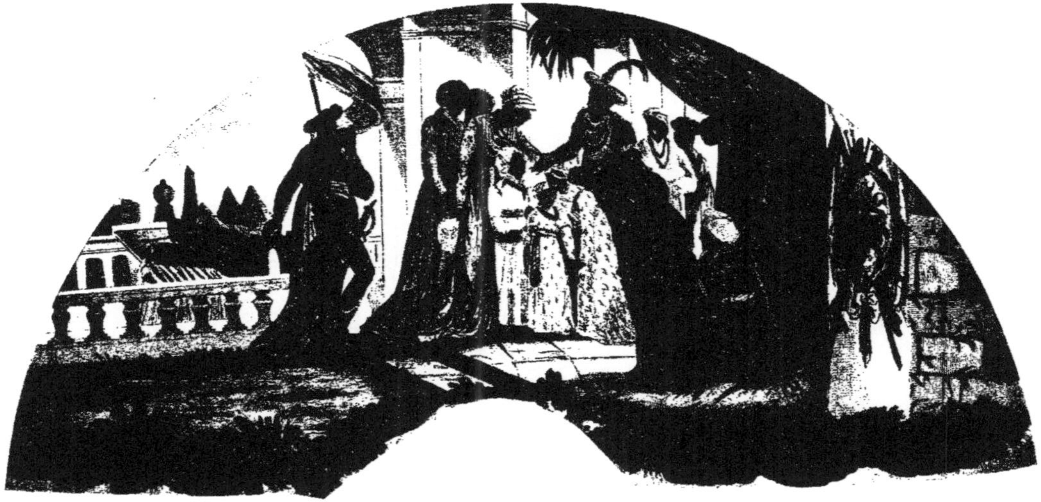

N° 541 du Catalogue.

DUPUIS (Nicolas)

329. — Monument élevé à Rennes par les Etats de Bretagne à la gloire de Louis XV, d'après J. B. Lemoine. Grand in-fol.

ECHARD

330. — *Tour de Calais, nouvelle Machine aërostatique construite par M. Romain...* In-fol. Très belle épreuve. Très rare.

EDELINCK, LUBIN

331. — Portraits de personnages illustres du XVIIe siècle, pour l'ouvrage de Ch. Perrault. Cent-une pièces. Belles épreuves (sans marges).

ESNAUTS et RAPILLY (chez)

332. — *Les Effets du Fanatisme, sédition violente excitée à Londres contre le parti catholique... le 2 Juin 1780.* In-fol. Belle épreuve.

333. — *Vue de la montagne et de la ville de Gibraltar attaquée... en 7bre 1782* — Siège Mémorable de Gibraltar (*A Paris chez Mondhare*) — Plan de la ville et des forts de Gibraltar — *Batteries flottantes nouvellement inventées pour le siège de Gibraltar.* Quatre pièces. Belles épreuves.

334. — Serment du 17 Juin 1789 — *Serment fédératif et national prononcé au Champ de Mars le 14 juillet 1790* — *Journée du 10 Aout 1792.* Trois pièces. Belles épreuves, la 1re *coloriée.*

335. — *Lyon assiégé Par l'Armée de la République française L'an 1793.* In-fol. Belle épreuve, *coloriée.*

336. — Paoli (Pascal), Général Corse, sous l'habillement militaire de sa Nation. Belle épreuve. Rare.

ÉVENTAILS

337. — Eventail à la Malborough. Belle épreuve, en partie *gouachée.*

338. — Eventail aux Mausolées de Louis XVI, de Marie-Antoinette et du Dauphin. Très belle épreuve.

339. — *Les Grenouilles qui demandent un roi*, éventail. Belle épreuve, *coloriée*.

340. — *Notre-Dame de Lorette envoyée à Paris par le Général en Chef Buonaparte*, éventail. Belle épreuve, *coloriée*. Très rare.

341. — Scène asiatique, éventail. Belle épreuve, *coloriée*.

342. — *Mounier travesti en jockey désertant l'assemblée Nationale...* éventail. Belle épreuve, *coloriée*.

FABER, AUDRAN, MALLERY

343. — *Reception de tres-chrestien... Lovys XIII Roy de France... et Anne d'Autriche par Messieurs les Doyens... de Lyon en leur Cloistre & Eglise le XI Decembre MDCXXII*. Titre et dix-neuf planches ches par P. Faber, G. Huret, K. Audran, Autguers et C. de Mallery.

FEHRT (de) — FILLŒUL

344. — Gibert (B.), d'après Bouis — Sujet allégorique sur la mort de la Dauphine? d'après C. F. — Baschi d'Aubais (Ch. de), d'après Fontaine — Hevin (Pierre). Quatre pièces. Belles épreuves.

FERAUD, LA PEIGNA (d'après)

345. — *Reprise de la Ville de Toulon par les Armées de la République contre les Anglais et les Espagnols — Evacuation des Puissances coalisées du Port de Toulon, 18 Décembre 1793*. Trois pièces in-fol. Belles épreuves. une *avant la lettre*.

FESSARD (Etienne et Marin)

346. — Luynes (Paul d'Albert de), d'après Lalinville — Peyssonnel (J. A.), d'après Allais — Dorat (C. J.), d'après Hoin. Trois pièces. Belles épreuves.

FESSARD (Marin)

347. — Triomphe de Rameau — Mort de Pouple, Chirurgien de Mr de Voltaire, d'après P. L. Durand. Deux pièces in-4 faisant pendants. Belles épreuves.

FÊTES (Estampes sur les)

348. — *Illumination des Galleries du Louvre pour la Naissance du Duc de Bourgogne*, 25 août 1682, par J. Marot — Décoration de Fête pour le Mariage du Duc de Bourgogne, par A. Trouvain — *Le Temple de la Gloire, feu d'artifice dressé sur la Rivière de Seyne pour l'Erection de la Statue de Louis le Grand*, 13 août 1699 — *Feu d'artifice dressé devant l'Hôtel-de-Ville de Paris pour l'Erection de la Statue du Roy* (Louis XIV) — Décoration sur la terrasse du Château de Versailles, à l'occasion de la naissance du Duc de Bourgogne, 30 décembre 1751. Cinq pièces in-fol.

349. — Feu d'artifice tiré à Soleure, 30 nov. 1729 à l'occasion de la Naissance du Dauphin, par J. M. Weis, à Strasbourg — Décoration du Feu d'artifice tiré à Toulouse à l'honneur de l'heureuse naissance du Dauphin, le 29 septembre 1729 — Intérieur de la salle construite Place de Grève à l'occasion de la Naissance du Dauphin — *Machina artificiale rappresentante il Monte Olimpo...* tiré à Rome en 1725 pour le Mariage de Louis XV avec Marie Leczinska. Quatre pièces in-fol. Belles épreuves.

350. — Arcs-de-triomphe et Feux d'artifice élevés à Paris en 1739 et en 1745 à l'occasion des guerres de Flandre et du retour de Louis XV de l'armée — Décoration du feu d'artifice tiré le 25 juillet 1756, en réjouissance de la prise de Port-Mahon. Neuf pièces.

351. — Fêtes données pour le *mariage de Madame Louise-Elisabeth de France avec Dom Philippe d'Espagne :* Joûte sur la Seine — Décoration du Throne élevé au balcon de l'appartement de l'Infante — Représentation du Feu d'artifice — Décoration du Salon composé de transparents — Illumination de la rue de la Ferronnerie — Perspective de la décoration élevée sur la terrasse du château de Versailles — Plan et élévation géométrale de la terrasse du Louvre avec les tentes. Sept pièces par Cochin, Rigaud, Baillieul, Le Bas.

352. — *Vue perspective du Feu d'artifice qui doit être tiré sur l'Eau vis-à-vis la Place de Louis XV le 22 juin 1763 en Réjouissance de la Paix.* In-fol. Belle épreuve. Rare.

353. — *Décoration du Feu d'Artifice élevé près l'Hôtel-de-Ville de Paris, à l'occasion de la Naissance du Dauphin... 1782 — Représentation du feu d'artifice tiré devant l'Hôtel-de-Ville de Paris, le 1er octobre 1758.* Deux pièces in-fol. Très belles épreuves, une *coloriée.*

354. — Fête sur l'Arno, d'après J. Callot — Le Temple de l'Imen, élevé à Naples à l'occasion du Mariage du Dauphin avec l'Infante Marie-Thérèse d'Espagne, par J. J. Gaultier — Façade de l'hôtel du Bon de Choiseul, illuminée le 17 avril 1771, à l'occasion du mariage du Cte de Provence. Trois pièces.

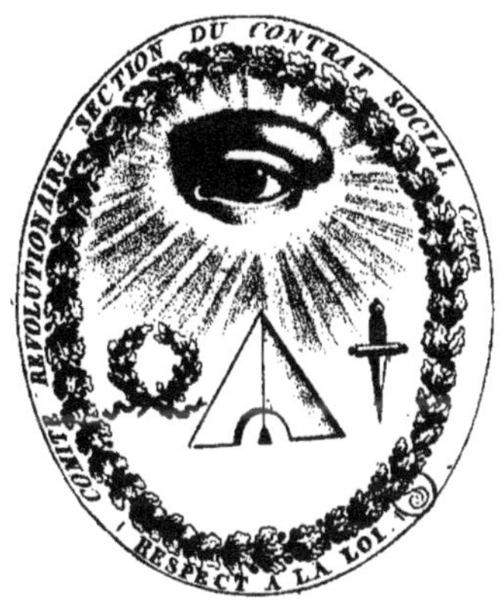

N° 205 du Catalogue.

FILLION et VALMONT (à Paris chez)

355. — Beaurepaire se donne la mort à Verdun. In-4. Très belle épreuve, *coloriée.* Rare.

FIRENS (Pierre)

356. — Marie de Médicis, reine régente, 1610. In-4. Belle épreuve.

FLIPART, CATHELIN, LEMPEREUR, MIGER

357. — Dumont le Romain (J.) — Jeaurat (Etienne) — Tocqué (L.) — Vanloo (L. M.). Quatre pièces in-fol. Belles épreuves.

FRANÇOIS (J. Ch.)

358. — Allégorie à l'honneur de Stanislas, roi de Pologne, duc de Lorraine, d'après P. Girardet. Grand in-fol. Belle épreuve.

359. — *Mausolée que le roy de Pologne duc de Lorraine a fait construire en marbre à Notre-Dame de Bonsecours de Nancy en mémoire de la Reine son épouse.* Grand in-fol. Belle épreuve.

360. — Joseph I, roi de Portugal, d'après Mme François — Quesnay (François), d'après Fredou — France (L. Auguste de), d'après Aubry — Le Clair (Marie), d'après A. Loir. Quatre pièces. Belles épreuves.

FRANCS-MAÇONS (Estampes sur les)

361. — *Anecdote Maçonnique Arrivée à Londres le 1er Novembre 1786, au frère Balsamo soi-disant... Comte de Cagliostro...* In-fol. Belle épreuve.

362. — Diplôme de la Loge des Neuf Sœurs de Paris, avec le médaillon de L. Ph. Joseph, duc de Chartres, par P. P. Choffard, d'après Ch. Monnet. Belle épreuve.

FRONTISPICES

363. — *Les Remontrances de Messire Jacques de la Guesle, 1611 — Histoire de Monsieur de Thou — Les Essais de Michel, Seigneur de Montaigne, 1657 — Les Estats Empires... du Monde par le Sr D. T. V. Y. — Theatrum principum virorumq... Antverpiae. — Guerres de Flandres — Les œuvres anatomiques de M. Jean Riolant — Historia Ecclesia Paris — Diverses pièces pour la défense de la royne mere... par M. de Mourgues — Histoire des Guerres civiles de France par H. C. Davila — L'Histoire de la décadence de l'Empire Grec, 1660 — Histoire de la mort déplorable de Henri IIII, 1613 — Histoire de la ville de Valentiennes... — Mercure français.* Quatorze pièces par L. Gaultier, C. de Passe, C. Galle, etc. Belles épreuves.

GAILLARD (R.)

364. — Menard de Chouzy (R. D. F.) — Bertin (J. B.), d'après Roslin. Deux pièces.

GAUCHER (Ch. Etienne)

365. — Louis Auguste, Dauphin de France, d'après J. B. A. Gautier. In-fol. Belle épreuve.

366. — La Borde (Benjamin), d'après Du Rameau. Ovale in-12. Belle épreuve.

367. — Le rappel de M. Necker, d'après J. H. Eberts. In-fol. — Malesherbes, eau-forte pure. Deux pièces.

368. — Latour d'Auvergne — Gail (J. B.) — Estaing (Ch. Henri Comte d'), d'après F. Sablet — Montlusier (Duc de) — Brissac (de Cossé) — Marie-Louise de France (contre-épreuve) — Marie-Cécile, P^sse^ Ottomane, 1788. Six pièces. Belles épreuves.

369. — Du Paty (C. M. J. B.) — Le Normant du Coudray — Gillet (Louis) — Piis (A. P. A. de) — Soret (G. J.). Six pièces y compris un double. Belles épreuves.

GAULTIER (Léonard)

370. — Henri IV, quatre portraits différents — Médicis (Marie de) — Marguerite de Valois — Jeanne d'Albret. Sept pièces.

371. — Espernon (duc d'), 1587 — Gamaches — Aerodius (P.). Trois pièces.

GAUTIER-DAGOTY

372. — Allégorie relative au traité de Paix de 1783. Grand in-fol. Belle épreuve. Rare.

373. — Louis-Auguste, Dauphin de France. Ovale in-fol. Belle épreuve (rognée).

374. — Boucher (Franç.) — Gilbert de Voysins. Deux pièces.

GENISSON

375. — *Serment civique du Village de N...* (Nonay) *en Fevrier 1790.* In-fol. Belle épreuve tirée en bistre.

GENTOT

376. — *Vue de la rade de Cherbourg et du Fort d'Artois saluant Sa Majesté Louis Seize a son retour du Combat Naval* (25 juin 1786) — *Vue d'un rocher élevé au Camp de Fédération sous les murs de la Ville de Lyon le 30 Mai 1790...* Deux pièces. Belles épreuves.

GERMAIN

377. — *Vue du décintrement du pont de Neuilly fait* en présence du Roy, le 22 7bre 1772. Grand in-fol. Epreuve légèrement rognée.

GERMAIN (P. F.)

378. — Siège de la Bastille. In-fol. Belle épreuve.

GIRARDET (Abr.)

379. — Siège de la Bastille — La Liberté des Entrées, mai 1791 — *Vue du Champ de Mars le XIV Juillet MDCCLXXXX* — Les Travaux du Champ-de-Mars, 1790 — Pacte Fédératif, 14 juillet 1790. Cinq pièces in-4. Belles épreuves.

GODEFROY (Adrien)

380. — *Monument d'allégresse a la mémoire de l'Année 1781* — Liste de Messieurs les Députés à l'Assemblée Nationale — *Les amis de Mr Damade Beller lui offrent ce témoignage de leur tendre intérêt...* Trois pièces.

GOLTZIUS (Henri)

381. — Plantin (Christophe), imprimeur, 1589 (B. 181). Belle épreuve.

GOULET L'AINE

382. — *Liberté de la Presse. Quoi donc, à la face du Peuple Français, on ose encore mettre en question la Liberté de la Presse! Imbéciles...* In-fol. — *Aux Martyrs de la Liberté — Aux bienfaiteurs de l'humanité — L'Atheisme.* In-4. Quatre pièces. Très belles épreuves, *coloriées.*

GOURMONT — GRANTHOMME

383. — Bourbon (Ch., cardinal de) — Lorraine (Le Duc de). Deux pièces. Belles épreuves.

GREUTER (M.)

384. — *La Vie et les Miracles de S. Benoict berger fondateur du pont d'Avignon*, 1603. In-fol. Très belle épreuve. Très rare.

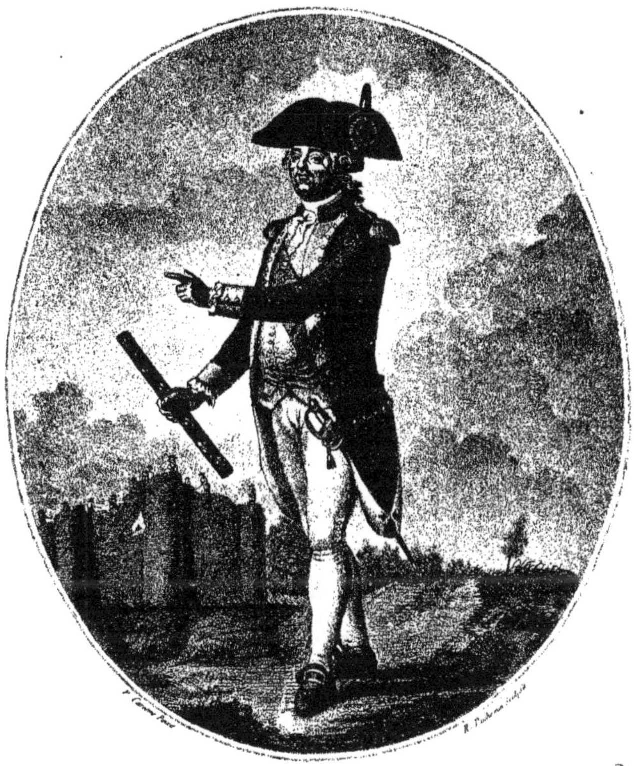

LOUIS XVI, ROI D'UN PEUPLE LIBRE.

N° 324 du Catalogue.

GREUZE (d'après J. B.)

385. — Stroganoff (Paul, comte de), enfant, par Le Grand. Belle épreuve (sans marge sur 3 côtés).

GRIGNON (Jacques)

386. — Chaulnes (Françoise de Villeroy, D^sse de) — Neuville (Catherine de), âgée de 13 ans. Deux pièces in-fol. Très belles épreuves.

387. — Vallot (Ant.) — Neufville (Marie de), Vve du comte Doriat — Harlay (Ch^{lle} de), carmélite. Trois pièces. Belles épreuves.

GUERIN (Christophe)

388. — Rohan (Louis Constantin, P^{ce} de), Evêque de Strasbourg, 1776. In-4. Belle épreuve.

389. — Monument élevé près Saasbach à la mémoire de Turenne en 1782. In-fol.

GUILLOTINE (Estampes sur la)

390. — *Machine proposée à l'Assemblée Nationale Pour le Supplice des Criminels par Mr Guillotin — L véritable guillotine ordinacre, ha le bon souti e pour la liberté! — Le Poignard des patriotes est l hache de la loi — Gouvernement de Robespierre — Guillotine élevée en Place du Carousel, le 13 aoust 1792, servant à punir les conspirateurs et ennemis de la Patrie — Les Formes acerbes.* Sept pièces. Belles épreuves.

GUYOT (Laurent)

391. — Louis XVI — Figure allégorique. Deux toutes petites pièces rondes (face et revers de médaille?). Belles épreuves *imprimées en couleurs*. Très rare.

392. — Liste de MM. les Députés de la Noblesse et du Clergé de France — Liste de MM^{rs} les Députés de Paris à l'Assemblée Nationale — Sénéchaussée de Bordeaux, liste des Députés — Noms de MM. les Députés de la Ville de Paris. Cinq pièces in-fol. Belles épreuves, tirées en *bistre* ou *coloriées*.

393. — Pillage de la maison Révillon. In-4. Très belle épreuve *imprimée en couleurs*.

394. — Le Prince de Lambesc aux Tuileries — Démolition de la Bastille — Fête de nuit sur les débris de la Bastille. Trois pièces de forme ovale, deux *imprimées en couleurs* (sans marges).

395. — Le Peuple devant l'Hôtel-de-Ville. Petit in-fol. Belle épreuve *impr. en couleurs* (sans marges).

396. — Arrivée des Femmes à Versailles, le 5 Oct. 1789. In-4 de forme ovale. Très belle épreuve *imprimée en couleurs*.

397. — Honneurs rendus aux manes de Voltaire le 11 juillet 1791. In-fol. en forme de frise. Rare épreuve *avant toute lettre, tirée en camaïeu.*

398. — Bataille de Jemmapes. Ovale in-fol. Belle épreuve *impr. en couleurs* (sans marge).

399. — Journée du 6 nov. 1792 à l'écluse de Cuesme, route de Jemmapes. Petit in-fol. de forme ovale. Belle épreuve *imp. en couleurs* (sans marges).

400. — Translation du corps de Marat? Estampe en forme de frise sans aucune lettre, tirée avec fond bleu.

401. — Arrivée du Roy à Paris le 6 octobre 1789 — Offrande des Dames Chanoinesses de Maubeuge — Dons patriotiques des Femmes — Le Thermomètre du Sans Culotte. Quatre pièces, deux *imprimées en couleurs*, sans marges.

402. — Kosciuzko (Taddée), d'après K. L. R. Petite pièce de forme ovale *imprimée en couleurs.* Très rare.

HABERT (N.)

403. — Jansénius (C.), d'après Ph. de Champagne — Arnauld (Robert) — Garibaldo (J.), doge de Gênes — Lercaro (F. M. I.), doge de Gênes — Marignier (Guil.), prêtre. Cinq pièces.

HALUECH (Adrien)

404. — Portraits des grands Ducs d'Etrurie. Neuf pièces in-fol. Belles épreuves.

HAUSSARD (J.)

405. — Bataille de Fridelingue, 1702 — Bataille d'Hochstedt, 1703 — Passage du Rhin. Trois pièces in-fol. d'après P. D. Martin. Belles épreuves.

HAUTOT — GIRARDET — DUPUIS

406. — Le Couteulx (B.), écuyer, d'après Robert — Fauchet (Cl.), d'après Bonneville — Gougenot (L.) d'après Greuze. Trois pièces. Belles épreuves.

HEIDELOFF (Nicolas)

406 *bis.* — *Vue perspective de la Nouvelle Machine... Etablie dans les Ports de Dunkerque et du Havre*, 1786-1787, d'après N. J. A. Vestier. In-fol.

407. — *Louis XVII, King of France and Navarre*, 1793. In-4. Belle épreuve.

HEIMLICH (J. D.)

408. — *Monsieur Collignon le plus doux... le* plus généreux des hommes (publié chez Gay, à Strasbourg). Très belle épreuve.

HELMAN (J. S.)

409. — *Immersion d'une caisse conique dans la rade de Cherbourg*, 7 juin 1785 — *Départ d'une caisse cônique en présence de... Louis XVI a Cherbourg*, 23 juin 1786. Deux pièces in-fol. Belles épreuves.

410. — Ouverture des Etats Généraux, 5 mai 1789 — Serment du Jeu de Paume, 19 juin 1789 — Abandon des Privilèges, 4 août 1789 — Fédération, 14 juillet 1790 — Journée du 16 octobre 1793 (Exécution de Marie-Antoinette). Cinq pièces in-fol. d'après C. Monnet. Belles épreuves.

411. — Journée du 10 Août 1792 — Pompe funèbre en l'honneur du 10 août — Journée du XIII Vendémiaire — Fontaine de la Régénération — Journée du 21 janvier 1793 — Journée du 1er Prairial an III — Prise de la Bastille. Sept pièces in-fol. d'après C. Monnet. Belles épreuves.

HELMAN et ALBANE

412. — Confédérations des Départemens du Nord, faits à Lille, les 6 juin et 14 juillet 1790 — Banquet civique donné par les Gardes Nationales de Lille, 27-28 Juin 1790. Trois pièces in-fol.

HENON (Antoine)

413. — *Vue intérieure de la Salle ou l'on tient l'assemblée des Etats de Bretagne, Dessinée, Peinte et Présentée a Mgr le Duc d'Aiguillon, Par son très humble serviteur Ant. Henon Architecte et Peintre à Nantes.* In-fol. Très belle épreuve. Rare.

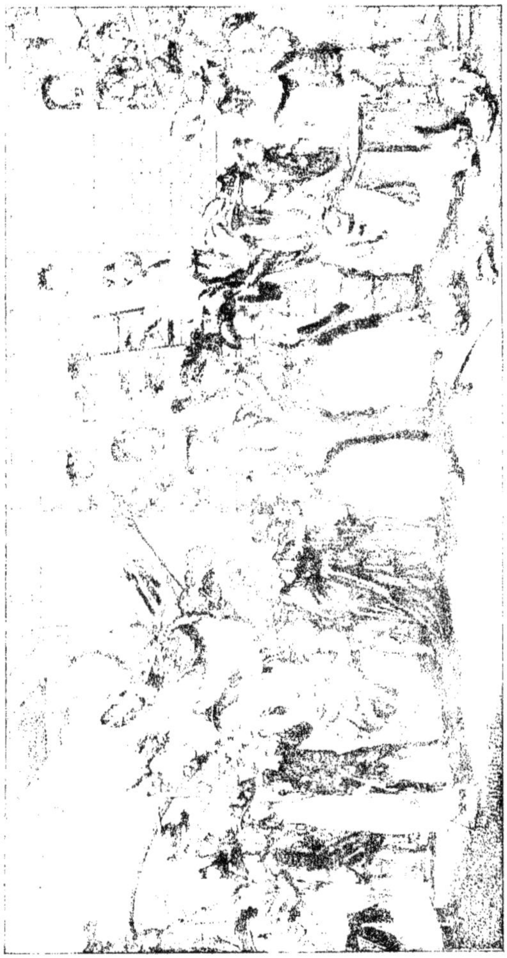

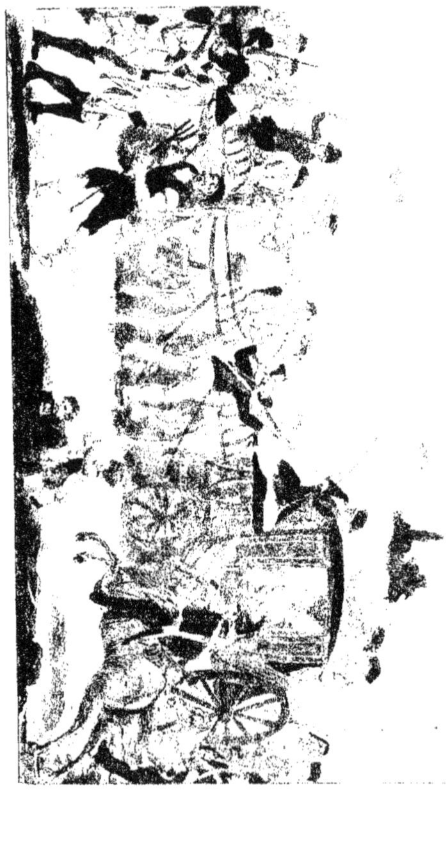

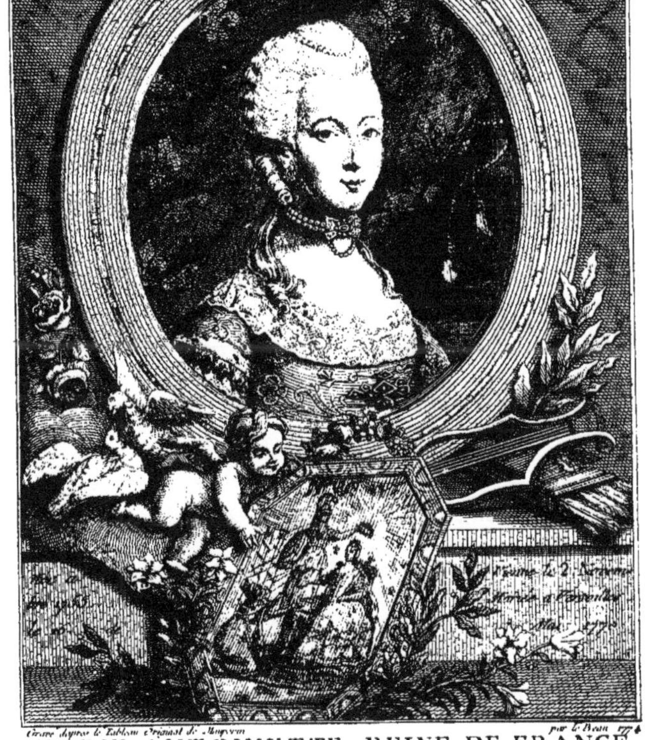

Gravé d'après le Tableau Original de

par le Beau 1774

MARIE ANTOINETTE REINE DE FRANCE.

Ce Lys que la France vous donne
Princesse Etoit digne de Vous

Vous Meritiés une Couronne
et d'avoir Louis pour Epoux. A.P.D.R. 1774

Vers par M. l'abbé de Lattaignant.

A Paris Chez le Beau rue S.t Jacques Maison de la Veuve Duchesne Libraire

N° 405 du Catalogue.

414. — *Vue perspective du nouveau batiment de l'hopital des enfants trouvés...* (de Nantes) *avec la démonstration de l'Aerostat élevé dans le Jardin de cette maison le 14 juin 1784...* In-4. Epreuve *coloriée*. Très rare.

HENRIQUEZ — HUBERT

415. — Paoli (Pascal), d'après Drolling — Gravelot (H.), 1770 — Sage (P. G.) — Nivernois (Mancini) — Fréron (E. C.). Cinq pièces.

HEUSSÉE

416. — *Fête et Salle de Bal donné à Paris le 2 juin 1771... à l'occasion du Mariage du Comte de Provence*. In-fol. Belle épreuve.

HOCQUET

417. — Assassinat de Marat. In-4. Très rare.

HOGENBERG — MERIAN

418. — Batailles et Combats. Deux cent-soixante pièces. Belles épreuves.

HOOGHE (Romeyn de)

419. — Festes triomphales que Paris fit a Alexandre Farnese pour l'avoir délivré du blocus — Prise de Lagny — Prise de Corbeil — Bataille d'Aumale — Prise de Caudebec. Cinq pièces in-fol. Belles épreuves.

HOUSTON (R.)

420. — *Monsr de Voltaire*, d'après L. Sen. In-fol. Belle épreuve. Rare.

HUBERT — HORTEMELS — HUOT

421. — Malesherbes — Rohan-Soubise (G. de) — Court de Gebelin — La Harpe — Gros de Besplas — Frédéric II. Sept pièces, y compris un double, ép. *avant la lettre*.

HURET (Grégoire)

422. — Rohan (Marguerite de), d'après Bobrun — Le Prince illustre, frontispice — Frontispice pour... — Boyceau (J.), d'après A. de Vries — Charlemagne et St Louis, vignette — Bourbon (Henry de) — Toiras (J. de St Bonnet, Sgr de) — Allégorie à la gloire de Louis XIII — Thèse (haut de) de N. Fabre. Dix pièces. Belles épreuves.

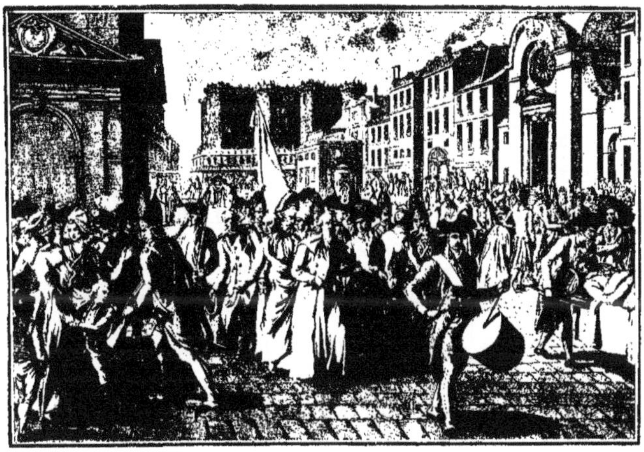

L'HEURE PREMIÈRE DE LA LIBERTÉ

N° 199 du Catalogue.

INCROYABLES (Estampes sur les)

423. — *Arrivée à Paris, de deux Généraux de l'Armée des Incroyables, de 60 mille hommes...* Image populaire avec *chanson*.

424. — La Faction Incroyable — Le Vieux Incroiable — Les Croyables au Perron, réduction ovale. Trois pièces. Belles épreuves, une coloriée.

425. — Le Bœuf à la Mode. Petite pièce de forme ovale. Belle épreuve *imprimée en couleurs* (sans marges).

426. — Bœuf à la mode, par Leclerc, d'après Lançon. In-fol. Belle épreuve.

427. — *La Réponce* (sic) *incroyable — Helas! nous ne nous ressemblons pas!!! — Les Effroyables — Eh mais c'est impossible... — Quoy a pied Citoyenne... — mon ami chacun son tour — Hélas! de vous à moi... C'est incroyable* — Sept pièces, six de forme ronde ou ovale. Belles épreuves.

INGOUF (P. C.)

428. — Luynes (M. Ch. L. d'Albert, duc de), d'après J. F. Guillet. In-fol. Belle épreuve.

INGOUF (P. C. et F. R.)

429. — Regnault (J. N.) — Simon (P. G.) — Hue de Miromesnil — Artois et ses Enfants (C^{tse} d'). Quatre pièces.

ISAC — JODE (P. de) — MALLERY

430. — Charondas le Caron (Lovys), 1613 — L'Angelier — Besly — Francaville (P. à) — Rémond. Cinq pièces.

JANINET (J. F.)

431. — Portraits du graveur Janinet. Trois pièces différentes. Belles épreuves (rognées).

432. — Loménie de Brienne, d'après P. Cossard. Très belle épreuve *imp. en couleurs* (sans marges).

433. — Sahuguet d'Espagnac (J. de), d'après Lemoine. Belle épreuve *imp. en couleurs.*

434. — Principaux événements depuis l'ouverture des Etats-Généraux (5 mai 1789). Trente-deux pièces. Belles épreuves.

435. — *Vue du Champ de Mars, à l'instant où le Roi, les Députés... prononcent le Serment civique...*, d'après Meunier. In-fol. Très belle épreuve *imp. en couleurs.*

435 *bis.* — La Valeur récompensée (Allégorie en l'honneur de Mr de Sartine), d'après Barbier — Frontispice pour le Nouveau Traité d'Alliance avec la Suisse sous Louis XVI — J. B. Brisard, rôle du viel Horace. Trois pièces.

JANSSENS (H.)

436. — Les Noms et Armes des Chanceliers et gardes des sceaux de France. Grand in-fol.

JEAN (A Paris chez)

437. — *Echarpe d'honneur donnée au Citoyen Le Tourneur, Maire de Granville* (Manche) — Prise de Turubino. Deux pièces. Très belles épreuves, *coloriées*.

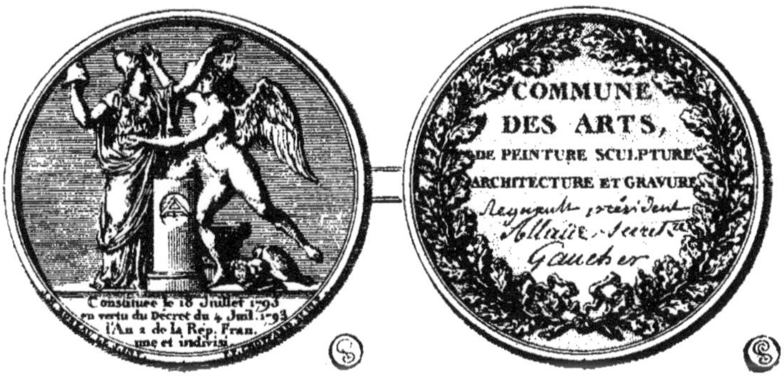

N° 221 du Catalogue.

JÉSUITES (Estampes relatives aux)

438. — Le Crime puni — Monument de l'exécrable doctrine... — Allégorie sur la suppression et abolition de la Société se disant de Jésus... — La Décadence des Jésuites — Embarquement des Jésuites de Naples au port de Pouzzoles, 1767. — Expulsion des Jésuites des Etats du roy d'Espagne, de Naples, etc. — Procession injurieuse à la doctrine de St Augustin exécutée par les Ecoliers des Jésuites à Mâcon. Sept pièces.

439. — *Monument simbolique et historique de la Religion... ... Impie, Meurtrière... de la Société se disant de Jésus.* — Expulsion des Jésuites des Etats d'Espagne (31 Mars 1767) — Coutume des Jésuites. Trois pièces in-fol.

440. — Arbre géographique des établissements des Jésuites par toute la terre, 3 pl. in-fol. (XVIIe et XVIIIe siècles).

441. — Le Jésuite H. Vechi, tué au Chili, d'après Ch. Le Brun, par F. Poilly — Martyre du P. P. Jogues, au Canada, d'après A. Diépenbeck, par A. Melaer — Marche du P. Martinius, Jésuite mandarin — Allégorie à la gloire d'Ignace de Loyola, par L. Cars. — St Jean François Regis, d'après J. Zaboli — St François Xavier, apôtre des Indes — Escobar — Bellarmin — Serane. Dix pièces.

442. — Frontispices des *Nouvelles Ecclésiastiques*, 4 pl. — *Estampe du Tableau trouvé dans l'Eglise, des cy devant soy disant Jésuites...* — *Extinction de la société des Jésuites* — *Ad quorum Effigies...* — *Banissement* — Expulsion des Jésuites de Lisbonne — *Au Dieu protecteur* — Arrest du Parlement de Paris, 1782. Onze pièces. Belles épreuves.

JEUX (Estampes sur les)

443. — *Jeu géographique de la République Française présenté à la Convention Nationale...* Grand in-fol. Très belle épreuve *coloriée*. Très rare.

444. — Jeu de quilles républicain. In-fol. Très belle épreuve, *coloriée*. Rare.

445. — *Les delassemens du Père Gérard ou la Poule de Henri IV, mise au pot en 1792, Jeu National.* In-fol. Très belle épreuve.

JOLLAIN (Gérard)

446. — Sorbon (Robert de). In-fol. Belle épreuve.

JOURDAN

447. — *Journée du 10 août 1792 au Château des Thuillerie*, d'après Texier. In-fol. Belle épreuve, *coloriée*.

LABROUSSE (L. F.)

448. — Les Fastes du Peuple Français (Actions héroïques de généraux, soldats et civils sous la 1re République). Frontispice et cent-deux pièces (plusieurs doubles). Belles épreuves, la plupart *coloriées*.

LABROUSSE et SAINT-SAUVEUR

449. — Costumes militaires et costumes des Membres du Directoire exécutif. Trente-et-une pièces, *coloriées*.

LA CHAUSSÉE (à Paris chez)

450. — *Demande solennelle de l'Archi-Duchesse Antoinette d'Autriche fille de l'Empereur, pour Louis-Auguste Dauphin de France le 16 Avril 1770, par l'Ambassadeur — Salle du Belvedert* (sic)... *dans laquelle l'Empereur a fait donner un souper... le 19 avr. 1770 pour le mariage de l'Archi-Duchesse d'Autriche...* Deux pièces in-4. Fort rares.

LACOUR (P.)

451. — *Arrivée du Comte d'Estaing au Port de Brest,* allégorie. Grand in-fol. Belle épreuve.

LANDRY (Pierre)

452. — Brulart (Nicolas), d'après J. Dieu, 1665 — Allégorie pour thèse avec les portraits de trois membres de la famille de M. Molé. Deux pièces in-fol. — Le Tellier (F. M.) — St Sanson (R. F. Jean de) 1636.

LANGLOIS (P. G.)

453. — Garrel (J.), d'après Brossard de Beaulieu. In-4. Belle épreuve.

LARMESSIN (N. de)

454. — Vaudemont (Ch. Henri de Lorraine, P^{ce} de), d'après J. Ranc. In-fol. Belle épreuve.

455. — Morel (Dom Robert), d'après Restout — Danes (Pierre), évêque de La Vaur — Estrades (G. Cte d') — Humières (Crevant de) — Schomberg (Fr. duc de) Senneterre (H. de) — Seghers (D.) — Hallé (Cl.) Huit pièces.

LASNE (Michel)

456. — Gaston d'Orléans — Condé (Ch. M^{te} de Montmorency, P^{sse} de) — Trenblet (B.), sculpteur — Laffemas (Isaac de). Quatre pièces. Belles épreuves.

457. — Condé (Princesse de) — Boyteux (R. P. Pierre), 1622 — Nesmond (F. Th. de) — Brulart de Sillery (Nic.) — Chaulnes (de). Cinq pièces. Belles épreuves.

458. — Paule (St François de), 1645 — Paris (R. P. Laurent de) — Pajet (J.) — Le Jay (N.) — Fabert (Abr.) — Condé (Le Grand) — Salagar (A.) — Regnauldin (Cl.). Huit pièces.

459. — Doublet (J.), 1625 — Muis (Siméon de), 1649 — Bernard — Verdun (de) — Binet (R. P. St.) — Quesnel (Fr.), 1616 — Riolan (J.), 1626 — Montaigu (J. de) — Rohan (Mlle de). Neuf pièces.

LAURENT (Pierre)

460. — Monument à la Gloire du Roi Louis XVI et de la France, d'après Touzé et Bertaux, 1777. Deux pièces gr. in-fol. Belles épreuves.

LAURENT (P. et J. B. J.)

461. — Herbin — Ogier (J. F.) — Joubert (Roch), d'après Hall. Trois pièces. Belles épreuves.

LAURENT — JULIEN — GODEFROY — GIRARD

462. — Le Jeune Désilles à l'affaire de Nancy, 2 pl. gr. in-fol. — Tombeau de Désilles à Nancy — *Désilles présenté par Minerve à Henri IV aux Champs-Elysées* — Héroïsme du jeune Désilles. Cinq pièces.

LAVREINCE (d'après N.)

463. — Gustave III, roi de Suède, par C. S. Gaucher (E. B. 26). Très belle et très rare épreuve du 1er état, avant toute lettre, non terminée.

LE BEAU

464. — Marie-Antoinette, Reine de France. In-8. Belle épreuve.

465. — Marie-Antoinette, d'après Mauperin (P. et B. 15). Belle épreuve.

466. — Du Barry (Comtesse). Belle épreuve.

467. — Dugazon (Mme) — Raucour (Mlle) — Broglie (V. F. duc de) — Conte (L. F. P^{ce} de) — Orléans (L^{se} Th^{se} Bathilde d') — Chartres (D^{sse} de). Six pièces. Belles épreuves.

468. — Turgot — Hyder Ally — Petit (Ant.) — Bouvert — Hue de Miromesnil — Duc de La Vrillière — Cossé-Brissac (Cte de). Sept pièces. Belles épreuves.

469. — Conquêtes de la République française, d'après C. L. Desrais. Deux pièces in-fol. Belles épreuves.

LE BLOND (J.)

470. — Chevreuse (D^{sse} de). Très belle épreuve.

LE CARPENTIER

471. — Delarue (N.) — Epée (Abbé de). Deux pièces. Belles épreuves.

LE CLAIRE et GUYOT (A Paris chez)

472. — *Pompe funèbre du Convoi de Mirabeau.* Eau-forte in-fol. Belle épreuve. Très rare.

LECLERC (Jean)

473. — *Comme le Roy alla incontinent à l'Eglise de nostre Dame rendre graces solennelles à Dieu de ceste admirable réduction de la Ville capitale de son Royaume — Comme sa Majesté le mesme jour estant à la Porte St Denis, veid sortir... les garnisons estrangeres.* Deux pièces in-fol. d'après N. Bollery. Belles épreuves.

LE CLERC (S.)

474. — Le Mai des Gobelins, 1684 (J. 191). Belle épreuve.

475. — La Forteresse de Montmelian — Cérémonie de la prestation de fidélité entre les mains du Roy, du Mis de Dangeau (18 déc. 1695) — Batailles et Combats. Neuf pièces.

LE DRU

476. — *Réduction de la Corse, par les Troupes de sa Maj^{té} T. C. Comm^{dées} par M^{r} le Cte de Vaux,* d'après Scheidnitz. In-fol. Belle épreuve. Très rare.

LE GOUAZ (Yves)

477. — Combats navals entre la marine française et celles des autres nations européennes. Vingt-deux pièces anonymes in-4.

LE GRAND (A., L. et P. F.)

478. — Poupard de Beaubourg — Jean de Laulne — Duval d'Epremesnil — Ballet des Muses — Arlande (Mlle d') — Mesmer (A.). Six pièces. Belles épreuves.

LÉLU (Pierre) ?

479. — *A la mémoire de Marat, L'Ami du Peuple, assassiné le 13 juillet 1793* — Le Triomphe de la Montagne. Deux pièces in-fol. Belles épreuves.

LE MIRE (Noël)

480. — Grimaldi (L. A. de) — Rousselet (Cl.), d'après Bobin — Allégories relatives à la mort du Duc de Bourgogne — Bernis (Cal de), d'après A. Callet — Le Gateau des Rois. Six pièces.

LEMPEREUR (Louis)

481. — Le Comte (Marguerite), d'après C. H. Watelet. Belle épreuve.

482. — Coppette (P. F.) — Boyer de Foresta — Belloy (P.L. de). Trois pièces. Belles épreuves.

LEMPEREUR (L. S.) et HUOT (F.)

483. — Lempereur (L. S.), d'après Trinquesse — De Launay (N.), d'après A. de St Aubin. Deux pièces. Très belles épreuves.

LENFANT — LE BLOND

484. — Marie de l'Incarnation (Sœur), 1657 — Anonyme, d'après Spronck — Souvré (J. de), d'après P. Mignard — Guéménée (Psse de) — Scaramouche — Jodelet. Six pièces.

LEPAUTRE (Jean)

485. — *Miracle arrivé l'an 1418 rue aux Ours, en une Image de la Vierge, frapée par un desesperé, de laquelle, il sortit du sang...* In-fol. Belle épreuve.

486. — Fêtes données à Versailles, 1676-1679. Sept pièces, par Lepautre et Isr. Silvestre.

LE PEINTRE (d'après C.)

487. — Le Comte d'Artois et ses Enfants par A. de St Aubin et Helman, 1779. In-fol.

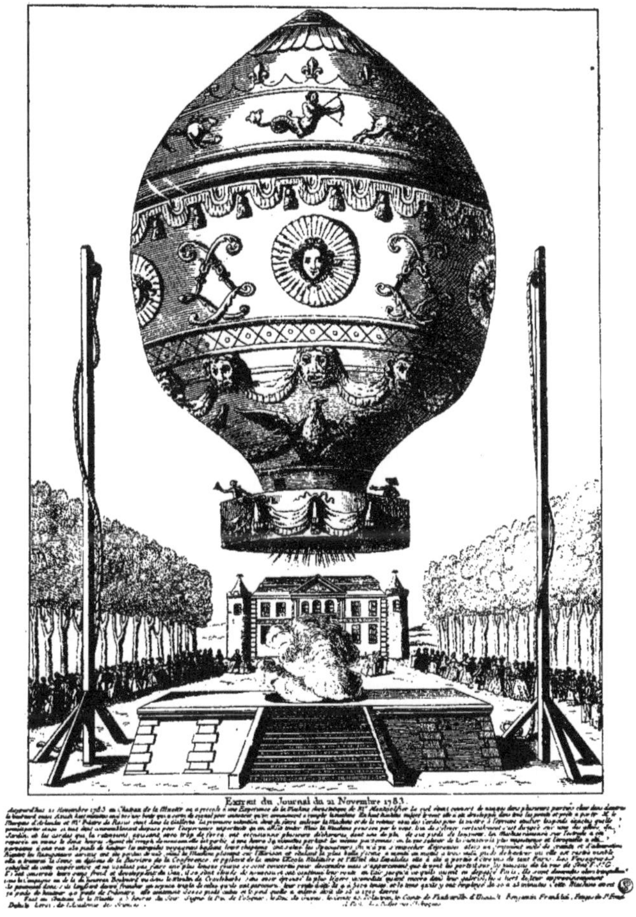

N° 75 du Catalogue.

LÉPICIÉ (B.)

488. — Seine (Catherine de), d'après J. Aved. In-fol.

489. — Tombeau de Pierre Mignard Erigé dans l'Eglise des Jacobins de la Rue St Honoré. Grand in-fol. Belle épreuve.

LE ROY (J.)

490. — Rullier (Joseph), d'après J. J. Hubert — Dubut (Ch. Eléonor), curé de Viroflay, d'après Gloener. Deux pièces. Belles épreuves.

LETELLIER (C. F.)

491. — Coster (Anne Vallayer), d'après elle-même. Belle épreuve.

492. — Bourgelat (G.) — Sigault (J. R.) — Origny (d') — Moisset (R. P.) — Mille (A. E.). Cinq pièces. Belles épreuves.

LEU (Thomas de)

493. — Sacre de Louis XIII, d'après F. Quesnel (R. D.). Belle épreuve.

494. — Caron (Ant.), 1599 (330). Belle épreuve.

495. — Habicot (N.), d'après Dumonstier (384). Superbe épreuve du 1er état.

496. — Henri IV, roi de France (R. D. 400, 413, 415) — Marie de Médicis (451, 456). Cinq pièces. Belles épreuves.

497. — Luillier (J.), 1594 (447). Belle épreuve.

498. — Beaugrand (J. de) (R. D. 313) — Bourbon (Ch. de) (321) — Condé (H. de Bourbon, p[ce] de) (344) — Hervet (G.) (419) — Le Gangneur (435). Cinq pièces. Belles épreuves.

499. — Bourbon (Ch. de), comte de Soissons — Albret (Jeanne d') — Elisabeth d'Autriche — Anjou (Franç. duc d') — Eléonore d'Autriche — Bourbon (Ant. de) — D'Argentré (B.) — Montpensier (Henri de) — Médicis (Marie de). Neuf pièces.

LEVACHEZ (à Paris chez)

500. — *Vue de la Garenne du Roy à Vimereux* (avec la scène de la mort de Pilatre de Rosier et de Romain. In-4. Très belle épreuve (le ballon *colorié*).

501. — Necker — Confédération ou Serment des Français sur l'autel de la Patrie le 14 juillet 1790. Deux petites pièces de forme ronde. Belles épreuves, *tirées en bistre.*

LEVACHEZ et DUPLESSI-BERTAUX.

502. — Louis XVI — Marie-Antoinette, 2 états différents, le portrait de la Reine effacé et regravé autrement, rare. Trois pièces. Très belles épreuves.

503. — Portraits de personnages de la période révolutionnaire : Marceau — Lavoisier — Bailly — Mme Roland — Brissot — Marat — Charlotte Corday — Danton — Carrier — Robespierre — Mirabeau — Charette, etc. Trente-trois pièces. Très belles épreuves.

LE VASSEUR — LINGÉE — LITTRET

504. — Pomme — (P.) Gertrude ***, 1792 — Favart — Montesquieu — Louis IX, Dauphin (*Connu par ses vertus...*). Cinq pièces. Belles épreuves.

LEVESQUE (Pierre Charles)

505. — Le Kain, dans le rôle de Gengis Kan, d'après F. A. Castelle — Sedaine (J.), d'après J. L. David. Deux pièces in-4. Très belles épreuves.

LIBER (A Paris chez Jean)

506. — *La Représentation de l'Eminentissime cardinal de La Rochefoucaut estant en son lit de parade dans le Chœur de l'Eglise de Saincte Geneuiefve...* In-fol. avec légende typographique. Belle épreuve.

LINGÉE (Mme)

507. — Francœur (L. J.), d'après J. M. Moreau le jeune — Marchand (J. H.), d'après A. Pujos — Garente d'Orgeval (L. F. A. de), d'après C. N. Cochin fils — Colardeau (C. P.), d'après Trinquesse — Trumeau (J.B.F.), d'après le même. Cinq pièces. Belles épreuves, une tirée en sanguine.

LOCHON (René)

508. — Goye (Touss. Rose de), 1660 — Luillier (Mad.) de Ste Beuve, 1673 — Thou (J. A. de), d'après Dumonstier. Trois pièces. Belles épreuves.

LOMBART (Pierre)

509. — St Sorlin (J. Desmaretz), d'après H. Gascar — De la Serre — Morant (Th.), d'après W. Vaillant — Christine, Reine de Suède, d'après Le Beck. Trois pièces.

LONGUEIL (Joseph de)

510. — Fontanieu (G. M. de), d'après Isidore Queverdo. Belle épreuve.

LOUIS XIV (Estampes relatives à)

511. — Portraits — Allégories. Treize pièces par Edelinck, Picart, Giffart, Cochin, etc. Belles épreuves.

LOUIS XVI et à MARIE-ANTOINETTE (Estampes relatives à)

512. — *Le Roy Louis XVI tenant son Lit de Justice pour la 1re Fois au Palais a Paris le 12 de Novembre 1774 pour la Reintégration des Parlements du Royaume.* In-fol. Belle épreuve, *coloriée*. Rare.

513. — *Entrée de Louis XVI... dans la Ville de Reims le Vendredi 9 Juin 1775 pour y être sacré...* In-fol. Belle épreuve.

514. — *L'Heureux accouchement de la Reine* (Marie-Antoinette) *de Madame Première, Né* (sic) *a Versailles le 19 décembre 1778.* In-4. Très rare.

515. — *L'Ordre et la Marche et toutes les Ceremonies qui seront Observés à l'entré de sa Majesté Louis XVI et de Marie-Antoinette... venant à Notre-Dame... le Lundi 8 Février 1779.* In-4. Très rare.

516. — *l'Heureux Accouchement de la Reine* (Marie-Antoinette) *d'un Prince nommé le Duc de Normandie.* In-4. Epreuve *coloriée*. Très rare.

517. — *Anecdote du Jour : Le Roi a rencontré le Dimanche 19 Octobre dans les Champs Elisés un enfant...* In-fol. Belle épreuve. Rare.

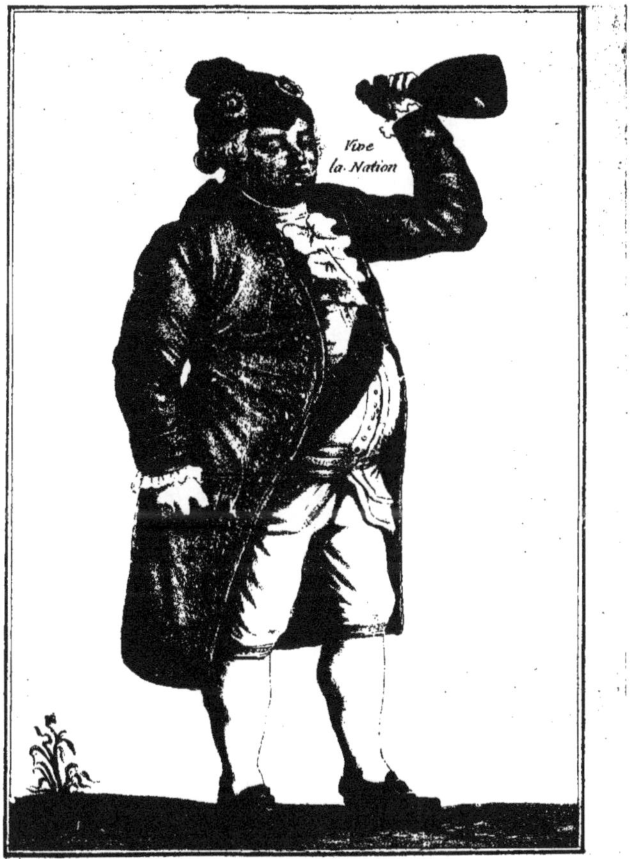

NOUVEAU PACTE DE LOUIS XVI.
avec le Peuple le 20. Juin 1792. l'An 4me de la liberté.

N° 524 du Catalogue.

518. — *Audience du Roi et de la Reine accordée à la Veuve de l'infortuné François Boulanger Massacré par la Populace le 21 Octobre 1789.* Estampe populaire, *coloriée.* Rare.

519. — Journée du 10 Août 1790 aux Tuileries. Très belle épreuve *avant toute lettre,* d'une pièce très rare.

520. — *Retour de la Famille Royale, à Paris le 25 Juin 1791.* In-fol. Curieuse estampe populaire, *coloriée.* Rare.

521. — La Famille Royale traversant la Place de la Concorde. In-fol. Très belle épreuve *imprimée en couleurs* (sans marges).

522. — Médaillons de Louis XVI et de Thouret surmontant le Discours du Roi prononcé à l'Assemblée Nationale le 14 Sept. 1791 et la Réponse du Président. Deux pièces. Belles épreuves.

523. — *Arrestation du Roi et de sa famille désertant le Royaume — La Fuite a déssein ou le parjure Louis XVI.* Trois pièces in-fol. relatives à l'arrestation de la Famille royale à Varennes. Belles épreuves, deux *coloriées.*

524. — *Nouveau Pacte de Louis XVI avec le Peuple le 20 Juin 1792...* Deux pièces différentes. Belles épreuves, *coloriées.*

525. — *Louis le dernier et sa Famille conduits au Temple le 13 Aoust 1792.* Curieuse image populaire. Très belle épreuve, *coloriée.*

526. — L'Abbé Edgeworth exhortant Louis XVI sur l'échafaud. Grand in-fol. au pointillé, non terminé; au verso de l'épreuve on lit la note suivante de Soulavie : *Cette estampe a été saisie avant d'être finie. J'en tiens de l'artiste l'épreuve qui suit.*

527. — *Mort de Louis Capet 16e du nom le 21 janvier 1793.* In-fol. Belle épreuve, *coloriée.* Rare.

528. — *Ecce veto, Louis Capet Charles IX du 18e siècle — Ecce Veto Le 21 janvier 1793 à dix heures vingt minutes du matin.* Deux petites pièces rares.

529. — Cérémonie du Sacre de Louis XVI — La Régénération de la Nation Française, par Bance — *Derniers Adieux de Louis XVI à sa famille,* par Gabel et un anonyme (non term.) — L'Assemblée des Notables, Discours du Roi — Inauguration de Louis XVI au Temple de la Constitution. Sept pièces.

530. — Testament de Louis XVI. Trois pièces avec les médaillons du monarque, de la Reine, du Dauphin et de Marie-Thérèse, publiées chez Vérité, Pasquier et Farge. Belles épreuves.

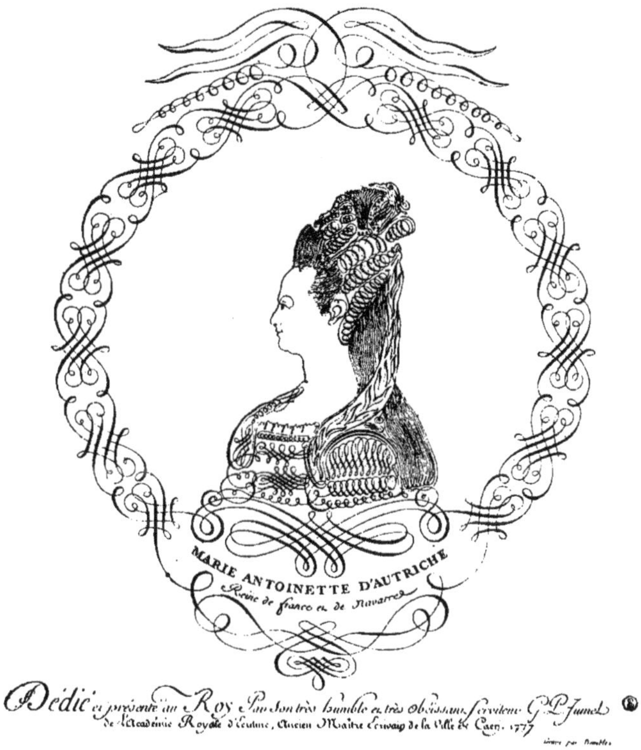

N° 125 du Catalogue.

531. — La Lanterne magique, montrant au milieu d'une pensée, les effigies de Louis XVI, de Marie-Antoinette et du Dauphin. Pièce en forme de frise. Belle épreuve sur satin. Très rare.

532. — Le Rosier directorial (dans les roses, sont les membres du directoire et dans les branches les silhouettes de Louis XVI, de Marie-Antoinette, du Dauphin, etc.; portion visible d'un éventail porté par les Dames royalistes, note de Soulavie). Très rare.

533. — Variante du même motif. Très rare.

534. — Les Inutiles Regrets — L'Urne mystérieuse — Urnes avec les silhouettes de Louis XVI, de Marie-Antoinette, de Louis XVII — Sarcophage à la gloire de Louis XVI et de Marie-Antoinette. Sept pièces, deux *coloriées*, une pour *dessus de tabatière.*

535. — Portraits de Louis XVI. Seize pièces par Audouin, Sullin, Louvion, Le Beau, etc., trois *imp. en couleurs* et *en sanguine.*

536. — Portraits : Marie-Antoinette — Marie-Antoinette et Louis XVI — Allégorie avec les médaillons de Louis XVI et de Marie-Antoinette, par Briceau (épr. rognée). Trois pièces.

537. — Les effigies de Louis XVI, de Marie-Antoinette, du Dauphin se profilant dans les plumes d'un coq. Petite pièce fort rare. Très belle épreuve, *avant l'encadrement.*

538. — Portraits de Louis XVI et de Marie-Antoinette. Onze pièces par Carrée, Copia, Sullin, Collin et anonymes, plusieurs rares.

539. — Portraits de Louis XVI — Vignettes allégoriques ou sujets d'histoire relatifs à Louis XVI. Dix-sept pièces, plusieurs rares.

540. — Allégorie en l'honneur de Marie-Antoinette (*Les Grâces sur son front...*) par De Longueil, d'après Cochin fils. Deux états : dans le second le Dauphin (né en 1781) a été gravé entre les bras de la Reine et la légende modifiée se lit ainsi : *O Reine quel présent...*

541. — *Antoinette ou la Nouvelle Pandore par Mlle Dionis*, frontispice — Frontispice : *Bibliothèque de Me la Dauphine* et copie en contre-partie — Bienfaisance de Marie-Antoinette, vignette d'après Moreau le jeune — Marie-Antoinette au Temple tenant une poignée de cheveux de Louis XVI. Quatre pièces.

542. — *Au premier Citoyen — Apollon... attache le Médaillon du Roi... sur laquelle on lit :* REX SALUS POPULI... — *Nouvelle Constitusion* (sic) *Allégorie...* — *A la Gloire de Louis XVI...*, par C. C. 1788 (chez A. F. Sergent) — *Henri IV à Louis XVI*, par Le Massard, 1776 — Education de Louis XVI, par *L. Le*

Grand, d'après Ch. Monnet — *Cette ingénieuse Allégorie représente Louis XVI saisi d'admiration devant le portrait d'Henri IV*, par Hiam, d'après Cochin fils. Sept pièces.

543. — *Epoque de la Liberté Françoise* — L'Heureuse *époque*, par Décaché — *La Marine rétablie... par Louis XVI*, par L. Legrand — *Modèle de l'Epée de Louis XVI, Roi des Français.* — Allégories et Vignettes diverses. Seize pièces.

544. — Caricatures : — *Le Ci devant Grand Couvert de Gargantua* (Louis XVI) *Moderne en Famille.* In-fol. Très belle épreuve, *coloriée*. Rare.

545. — Caricatures contre la reine Marie-Antoinette : *Ainsi va le monde... La Poulle d'Autruyche... — Que faites vous ma fille?... — Grand combat à mort.* Quatre pièces. Belles épreuves.

546. — *Les Animaux rares ou la translation de la Ménagerie Royale au Temple, le 20 Aout 1792 4*[me] *de la Liberté et 1*[er] *de l'égalité.* In-4, tiré en bistre. Rare.

547. — *Emjambée de la Sainte famille des thuilleries à montmédy.* In-fol. Très belle épreuve, *coloriée*.

548. — Louis XVI et Marie-Antoinette représentés sous la forme de panthère, bouc, etc. Quatre petites pièces de forme ronde. Belles épreuves. Rares.

549. — *Louis le traitre lis ta sentence — L'entrée-Franche — Ci git Louis le faux Capet Lainé — La famille des Cochons ramenée dans l'étable — Repique est Capet — Je fais mon tour de france — J'en ferai un meilleur usage... — Patience... ça ira... — V'la un Grand pas de fait...* Neuf pièces, plusieurs *coloriées*.

550. — *Ah! Le Cruchon — Louis le faux — Miserere mei... — Le Tamis royal — Il a tout perdu... — Fiez-vous à ces déclarations — Le Gargantua du Siècle ou l'oracle de la dive bouteille — Ventre Saint Gris... — La Grande Colère de Capet l'aîné... — Le passe Temps agreable des habitans de la Tour du Temple.*

551. — *Au lieu d'un Trésor... — Le Promenoir Royal ou la fuitte.,. — Cette leçon vaut bien... — Les deux ne font qu'un... — hé! hu! da da! — A Mons... — Je me suis Ruiné... — Echequemat... — Que faites-vous la...* Neuf pièces. Belles épreuves, *huit coloriées*.

MACRET (C. F.)

552. — *Vue de l'explosion du magasin à poudre d'Abbeville le 2 9bre 1773*, d'après A. Choquet. In-fol. Belle épreuve.

553. — Degravers, oculiste — Du Port Dutertre — Le Gros (J.). Trois pièces. Belles épreuves.

MAILLOT (à Paris chez A.)

554. — *Lauguste Cérémonie faite en la Grand-Chambre du Parlement, Sa Majesté Louis 15... seant en son Lit de Justice, ordonne la déclaration de sa majorité le 22 fevrier 1723*. In-fol. Très belle épreuve.

MAISONNEUVE

555. — Parnasse François, d'après Titon du Tillet et Lajou. Grand in-fol. Belle épreuve.

MANSFELD — WILLE

556. — Marie-Thérèse d'Espagne, Dauphine de France — Lacy (Cte de) — Kaunitz (P^ce de). Trois pièces.

MARCHAND (J.)

557. — Assassinat de Marat, d'après Desrais. In-fol. Belle épreuve.

558. — Assassinat de Michel Le Pelletier, d'après Desrais. Belle épreuve.

559. — Assassinat de Collot d'Herbois. In-fol. Belle épreuve.

MARCHAND — TASSAERT

560. — *Dernières paroles de Joseph Chalier dans les prisons de Lion* (Lyon) — *Chalier partant de sa prison pour aller au supplice*. Deux pièces in-fol. Belles épreuves.

MARIAGE (L. F.)

561. — Richelieu (M^al de), d'après Vanloo — Blin (F. P.), député de Nantes, d'après Duranton — St Simon (Duc de), d'après Vanloo — Buzot (F. N. L.). Quatre pièces.

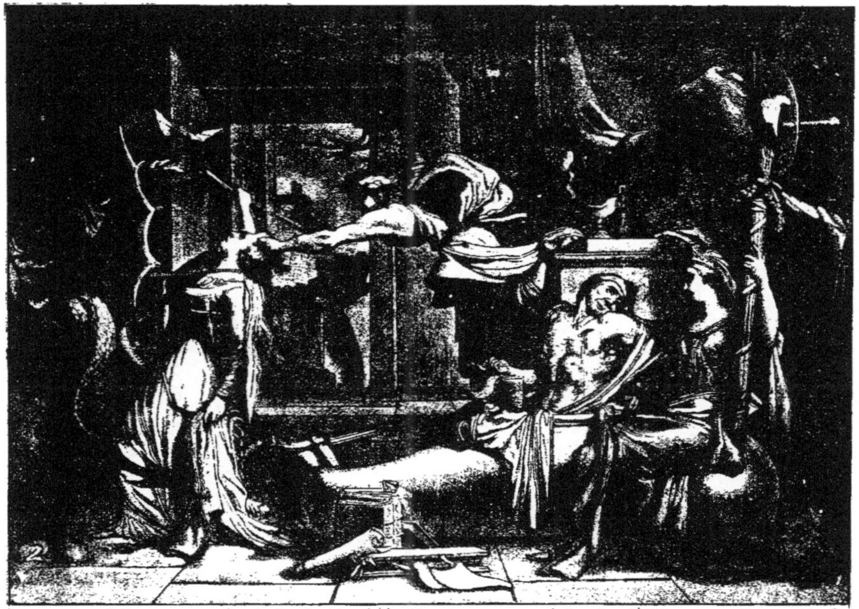

A la memoire de MARAT, L'ami du Peuple, *assassiné le 13 Juillet 1793.*

N° 179 du Catalogue

MARINE

562. — *Marines Royales de France et d'Espagne Comparées à celle d'Angleterre, au 1er Janvier 1783 — Marines Rles de France, d'Espagne et d'Angleterre au 1er juillet 1783 — Tableau général des Troupes de France au 1er janvier* 1783. Trois grands *tableaux manuscrits*, avec *armoiries rehaussées d'or.*

MARTINET (A Paris chez F. N.)

563. — Trompe-l'œil, dédié à Louis XV, par de la Ferté. Grand in-fol. Belle épreuve.

MARTINET (A Paris chez)

564. — Siècle Futur — Cour complet d'éducation — Allons à Bagatelle — Le Suprême Bon Ton — Les Folies de nos grands Pères et les Notres. Sept pièces *coloriées.*

MARTINI (P. A.)?

565. — Trait explicatif des personnages de la Famille Royale d'Angleterre visitant l'Exposition de la Royale Academy a Londres en 1789. In-4. Très belle épreuve. Rare.

MARVIE et BEAUVAIS

566. — *Vue perspective de l'illumination de la rue de la Ferronerie du côté de la rue St Denis, le 8 Sept. 1745*. Petit in-fol. Belle épreuve.

MASQUELIER (L. J.)

567. — *Monument a la Gloire de Louis XVI et de la France, par M. l'abbé de Lubersac, 1775*. Grand in-fol. Belle épreuve.

568. — La Borde (J. B. de), d'après De Non (P. et B. 9). Belle épreuve.

MASQUELIER — MICHEL — BENOIST

569. — Demours (P.), oculiste, d'après La Tour — Lafosse — Bernage (de) — Rousseau (J. J.) — Vues de l'Ermitage — Tombeau de J. J. Rousseau. Huit pièces.

MASSOL

570. — Corday (Charlotte), d'après Queverdo. In-8. Belle épreuve *tirée en bistre.*

MASSON (Antoine)

571. — Guise (Marie de Lorraine, duchesse de), d'après P. Mignard (R. D. 32). Belle épreuve *avant le lapin.*

572. — Le Fevre d'Ormesson (Olivier), 1665. In-fol.

MELLAN (Claude)

573. — Bouques (Ch. de) — Despeisses (Ant.) — Philaras (Léonard) — Gassendi (P.) — Orléans (Louis d'). 1622 — Ronsard et sa Maîtresse. Six pièces.

574. — Toiras (J. de St Bonnet de) — Gonzague (Louise-Marie de), reine de Pologne, 1645 — Molé (M.) — Balzac (L.) — Naudé (G.) — Berrier (L.) — Blacuodœus (H.). Sept pièces.

MÉRIAN (Mathieu)

575. — *Carosel fait à la place Royalle le V, VI, VII Avril MDC XII.* In-fol. Très belle épreuve.

MERLEN (Théodore van)

576. — Villeroy (Madeleine de Créquy, D[sse] de) — Neufville (Charles de), 1652 — Sancy (Marie Moreau, Dame de) — Harlay (Nicolas de), 1653. Quatre pièces. In-fol. Belles épreuves.

MESMÉRISME (Estampes relatives au)

577. — Le Mesmérisme confondu — *Le Bacquet de Mr Mesmer ou représentation fidelle des Opérations du Magnétisme Animal* — Les Folies, par Le Cœur, d'après Watteau (de Lille) — Les Effets du magnétisme animal. Quatre pièces. Belles épreuves, la seconde coloriée.

578. — Le Baquet magique — L'Heureuse métamorphose — La puissance du magnétisme — Phénomènes du Mesmérisme — Mesmer (A.). Cinq pièces. Belles épreuves.

MEYER — BULLINGER — HERLIBERGER

579. — Scènes de l'Histoire de la Suisse. Soixante pièces. Belles épreuves.

MIGER (S. C.)

580. — Gluck (Christophe), d'après J. S. Duplessis. In-fol. Très belle épreuve.

581. — Bailly, Maire de Paris, d'après Boizot. Belle épreuve.

582. — Mme Adélaïde de France — Mme Victoire de France, d'après Mlle Capet — Quinette (N. M.), d'après La Neuville — Houchard (Gal). Quatre pièces. Très belles épreuves.

583. — Cars (L.) — Chirat (J. A.) — Geoffrin (Mme) — La Chaussée (Nivelle de). Quatre pièces. Belles épreuves.

584. — Dubois-Crancé — Fontanieu (P. E. de) — Grignon (P. C.) — Barathier de St Auban — Delacroix (J. F.). Cinq pièces. Belles épreuves.

MILCENT

585. — *Elévation perspective de la nouvelle Place du Palais de Rennes... sur les desseins de Mr Gabriel.* In-fol. Belle épreuve.

MIXELLE (J. M.)

586. — Scènes de l'Histoire de France. Vingt-trois pièces *impr. en couleurs.*

MOITTE (P. E.)

587. — Aranda (Cte d'), d'après Meon — Beringehn (Mis de) — Rue (Don Joseph del), d'après J. B. Greuze — Dandré-Bardon, d'après Roslin — Monument Erigé par la Ville de Reims en 1765, à la gloire de Louis XV, d'après Pigalle. Quatre pièces. Belles épreuves.

MONCORNET (Balthazar)

588. — Personnages célèbres. Soixante-quinze pièces. Belles épreuves.

MONDHARE (à Paris chez)

589. — *Vue du Vaisseau la Ville de Paris lancé au port de Rochefort la 19 janvier 1764.* Grand in-fol. Belle épreuve. Rare.

MONDHARE et JEAN (à Paris chez)

590. — Bataille de Fontenoy — Prise de la Bastille — *Combat dans la Mer Méditerranée Gaigné par Larmée navalle de France... sur celle d'Engletere... le 20 May 1751* — *Vue du Champ de Mars dit de la Fédération, 14 Juillet 1790.* Quatre pièces. In-fol. Très belles épreuves, deux *coloriées.*

MONNIER (L.)

591. — Médaillons allégoriques tirés des décorations... de l'Hôtel de Ville de Dijon en l'honneur de L. J. de Bourbon-Condé, 1762. Frontispice et 6 pl. Belles épreuves.

MOREAU le Jeune (J. M.)

592. — Couronnement du buste de Voltaire sur le Théâtre Français (30 Mars 1778), par C. S. Gaucher (E. B. 261). Belle épreuve *avec les armes.*

593. — Tombeau de J. J. Rousseau, à Ermenonville. Très belle épreuve du 2e état.

594. — Ouverture des Etats-Généraux à Versailles, le 5 mai 1789 — Constitution de l'Assemblée nationale, 17 juin 1789. Deux pièces in-fol. Très belles épreuves *avec la liste des députés.*

595. — *Evenement arriver* (sic) *aux Thuilleries Le 12 Juillet 1789* (E. B. 293). In-4. Belle épreuve.

596. — *A un peuple libre*, par Dambrun (31). Belle épreuve du 3e état.

597. — La Borde (J. B. de), 1769 — Papillon de la Ferté, 1770 — Dumont (G. P. M.) — Médaille commémorative de la ville de Troyes. Quatre pièces. Belles épreuves.

MOREAU — MEON — DUGOURC

598. — Exemple d'humanité donné par Mme la Dauphine (Marie-Antoinette) le 16 8bre 1773, par Martini et

Godefroy — *La Poule au pot*, par A. F. David — *Le Monarque bienfaisant*, par Moitte père. Trois pièces in-4 formant série. Belles épreuves, (sans marges sur 3 côtés).

MORIN (Jean)

599. — Villeroy (Nic. de Neufville, Mis de) — Bourbon-Conty (Armand de) — Le Tellier (Michel) — Janssénius (Corn.) — Philippe II, roi d'Espagne — Potier Mis de Gesvres — Harcourt (H. de Lorraine, Cte d'). Sept

MORRET et BOISSIER

600. — Viala et Barra couronnés par la Liberté. Deux pièces in-fol. de forme ovale.

MOYAERT (d'après Claës)

601. — Allégories relatives à Marie de Médicis et à Henri IV Dix pièces in-fol.

MOYREAU (Jean)

602. — Louis XV et Marie Leczinska — Stanislas de Pologne et Catherine Opalinska — Fleuriau d'Armenonville et N. J. de Pâris — Leschassier (F.) — Le Peletier (C. M.). Cinq pièces in-4. Belles épreuves.

MULLER (Jean Gothard)

603. — Vigée Lebrun (L^se Elis.), d'après elle-même. In-fol.

NANTEUIL (Robert)

604. — Castelnau (M^al de), 1658 (R. D. 58). Très belle épreuve.

605. — Longueville (H. duc de) — Barrillon de Morangis — Phelypeaux de la Vrillière — Guébriant (de) — Sarrazin (J. F.). Cinq pièces.

NAPOLÉON Ier (Estampes relatives à)

606. — Bonaparte, à cheval, conduit par la Gloire. Deux épreuves complètement transformées ; dans l'une, c'est Bonaparte, général, dans l'autre c'est Napoléon ceint de la couronne et revêtu du manteau impérial. Très rare.

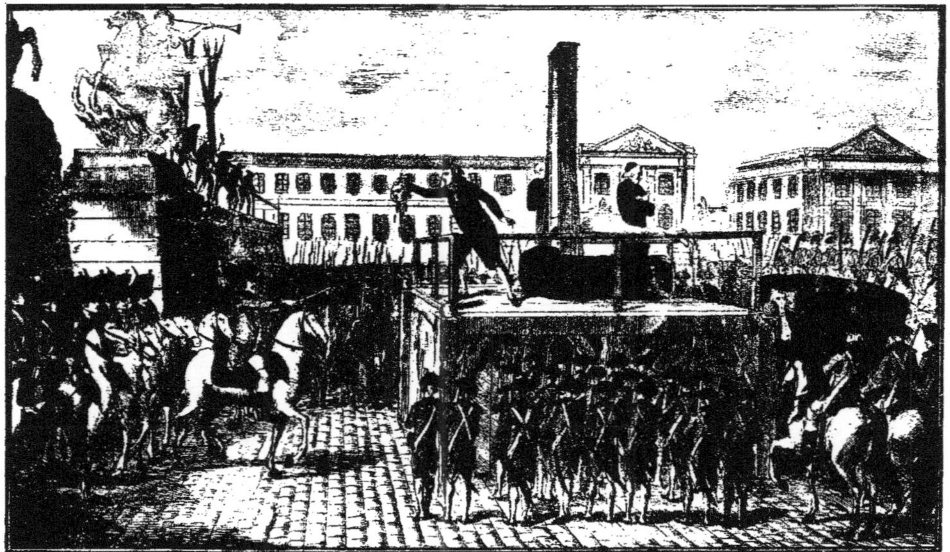

MORT DE LOUIS CAPET 16e DU NOM LE 21 JANVIER 1793

Le commandant Général et les Commissaires de la Commune sont montés à huit heures et demie du matin dans l'Appartement où était Louis Capet. Le Commandant lui a signifié l'ordre qu'il venait de recevoir pour le conduire au supplice. Louis Capet, ayant parlé trois minutes à son Confesseur, il a présenté un paquet à un des Commissaires pour être remis au Conseil général de la Commune. Il est monté en voiture avec son Confesseur et deux Officiers de Gendarmerie, et il est arrivé à 10 heures 10 minutes à la place de la Révolution. Il s'est déshabillé, est monté à l'Echafaud avec fermeté et courage. Il a voulu haranguer le peuple mais l'Executeur des Jugements Criminels d'après l'ordre du Général Santerre et au bruit des Tambours l'a mis en devoir de subir son jugement. La tête de Louis est tombée, elle a été montrée en Spectacle. Le Cadavre a été transporté sur le Champ et inhumé dans l'Eglise de la Magdelaine.

No 527 du Catalogue.

607. — Bonaparte, Premier Consul, par Plumet. In-fol. Rare.

608. — Napoléon et l'Impératrice Joséphine dans leur costume de Sacre — Napoléon (Stéphanie Ad. L^{se}), G^{de} D^{sse} de Bade. Trois pièces. Belles épreuves, *coloriées*.

609. — Napoléon couronné par Minerve et la Religion. Dessin à la plume. A été gravé.

610. — *Le Sauveur de la France*, 1806, par Evphrasie Picquenot. In-fol. Belle épreuve.

611. — Serment des Membres de la Légion d'Honneur prêté en présence de Napoléon à l'Hôtel des Invalides 26 messidor an XII. In-4. Belle épreuve *avant toute lettre* — Etoile de la Légion d'Honneur, par Le François. Deux pièces.

612. — Bataille d'Austerlitz (A Paris, chez Basset). In-fol. Très belle épreuve, *coloriée*.

613. — Bataille de Friedland — Siège de Dantzick — Défilé du corps du Gal Marmont, près le Pont de Lech. Trois pièces in-fol. publiées par Basset. Très belles épreuves.

614. — *Entrée triomphante de S. M. l'Empereur des Français.,. dans Berlin le 27 Octobre 1806.* In-fol. Très belle épreuve.

615. — Portraits et allégories relatifs à Napoléon Ier — Beauharnais (Mme de), tante de l'Impératrice. Onze pièces par Rosaspina, Helman, Berthet, Chataignier, Carrée, etc.

NAUDET (d'après)

616. — *Cortège de Sa Majesté l'Empereur Napoléon Ier à l'ouverture du Corps Législatif le 6 Nivose An 13*, par Le Beau. Très belle épreuve.

617. — Prise de Toulon — Passage du Pont de Lodi — Bataille de Jemmapes — Bataille de Fleurus — Combat du Vaisseau le Vengeur — Conquête de la Flotte Hollandaise — Prise d'Alexandrie — Combat de Nazareth. Six pièces par Le Beau. Belles épreuves.

618. — Défilé des troupes à la grande Parade devant le Premier Consul... dans la Cour du Chateau des Thuilleries, par Blanchard. In-fol. Très belle épreuve.

NÉE (D.)

619. — Chambre du Cœur de Voltaire, d'après Duché. In-fol.

NICOLLE (V.)

620. — Vue perspective de la décoration et du feu d'artifice tiré à l'Hôtel de Ville de Paris en présence de leurs Majestés... 21 janv. 1782. Petit in-fol. Belle épreuve.

NICOLLET — PASQUIER — AUDOUIN — PONCE

621. — Dicquemare (J. F.) — Bossut (Ch.) — Creuzé de Touche — Trincano (L. C. V.) — Charles-Louis, Archiduc d'Autriche. Cinq pièces.

NOLIN — PICART — PITAU

622. — *Chin Fo Cum, Chinois, Dessiné sur le Naturel* — Lamoignon de Basville — Alain Fergent, Duc de Bretagne — Alix, Duchesse de Bretagne — Conty (E. L. de Bourbon) — Bignon (Th.). Six pièces.

OZANNE (N.)

623. — *Combat de St Cast Gagné sur les Anglais par les Troupes Françaises et la Noblesse de Bretagne* (11 sept. 1758). In-fol. Très belle épreuve.

PAPAVOINE (Julie)

624. — L'Heureuse Fécondité. Le 6 Thermidor an 2 la Citoyenne Degnaux de la section Chalier accoucha de trois Enfants. Petite pièce de forme ronde. Très belle épreuve.

PARIS et la FRANCE (Estampes relatives à)

625. — *Vue de l'intérieur du Nouveau Cirque du Palais Royal et des Ambassadeurs du Nabah-Tipou*, 1788. Petit in-fol., tiré en bistre.

626. — Vue du Jardin du Palais-Royal. Ovale in-fol. en larg. gravé au lavis. Belle épreuve.

627. — Eglises : Portail de St Eustache, par N. J. B. de Poilly — Vue de la place projetée devant le portail de St Eustache, par N. J. B. de Poilly d'après J. Mansart. Deux pièces. Grand in-fol. Belles épreuves.

628. — Portail des Minimes de la Place Royale — Portrait de St Roch — Eglise royale des Invalides, coupe ou vue intérieure — La Madeleine, 3 pl. — Chasse de St Germain — Intérieur de St Philippe du Roule — Mausolée et décoration de l'Eglise St Gervais pour le service de L. Boucherat. Dix pièces, une *imprimée en couleurs.*

629. — Prise de la Bastille. Dessin à la plume, lavé d'encre de chine.

630. — Estampes relatives à la Bastille : Plan de la Bastille — Prise de la Bastille (chez Basset) — *Seconde évasion de la Bastille de M. de Latude... — Délivrance de M. le Comte de Lorges, prisonnier à la Bastille depuis 32 ans — Démolition du Château de la Bastille — Temple dédié à la liberté projetté sur les ruines de la Bastille...*, par Prieur — *Projet d'un monument pour consacrer la Révolution...*, par Gatteaux et N. Sellier, 1790 — Plans de la Bastille, etc. Douze pièces. Belles épreuves, plusieurs *coloriées.*

631. — *Louis le Grand renversé* (place des Victoires) *pour faire place à la Colonne de la Liberté et de l'Egalité — La Liberté des entré* (sic) *par la Barriere d'Enfer le 1er May 1791.* Deux pièces.

632. — Le Temple. In-4 de forme ovale, le cadre figurant une chaîne. Belle épreuve, *coloriée.* Rare. — Tour du Temple. In-4 tiré en bistre. Deux pièces.

633. — La même pièce. In-fol. de forme ovale. Belle épreuve, *coloriée.* Très rare.

634. — Le Temple, par Villeneuve? — Intérieur de la Halle au Blé, 1789 — Cachots de la Bastille — Le petit Chatelet — Chapelle de Gondi, à Notre-Dame — Plans des Sections des Tuileries, de la Halle aux Bleds, de la Place Louis XIV et de l'Oratoire, dessins. Huit estampes et deux dessins.

635. — Plans de Paris sous Philippe-Auguste, Charles VII, Louis VII, Henri III, Louis XIII, par A. Coquart, — *Partie du plan général de Paris ou l'on a tracée les... Emplacemens... pour placer la statue equestre du Roi.* Six pièces.

636. — L'Arrivée du Roi (Louis XVI) à son Palais de Justice, par N. Ransonnette — Pont Louis XVI, par Le Campion (*imp. en couleurs*) — Vue perspective extérieure du Théâtre Français, par N. Ransonnette — Coupe de l'Avant scène de la salle de l'Opéra projeté au Palais-Royal, par Benard d'après Moreau — Nouvel Opéra provisoire — Abbaye de St Germain des Prés et Le Louvre en 1410, par Hérisset. Six pièces.

637. — *Plan du Pont Louis XVI et des environs commencé à construire au droit de la Place de Louis XV en 1787* — Fontaine de la rue de Grenelle — Ecole Militaire, par Née — Palais de Justice, par Varin, 1782 — Démolition devant le Palais de Justice, par Lepagalet, *5 mai 1792* — *Elévation géométrale d'un côté du cirque construit dans le Jardin du Palais-Royal en 1787*. Six pièces, la dernière *imp. en couleurs*.

638. — Monuments projetés au XVIIIe siècle : *Elévation d'une Salle d'Opéra... entre le Palais-Royal et la Rue des Bons-Enfants*, 1764 — Projet d'un Portail pour l'Eglise de St Germain l'Auxerrois avec place décorée de fontaines, 1757 — Façade d'un Monument pour les Assemblées du Clergé de France — *Elévation d'un projet de Place pour le Roi au bout du Pont Royal — Monument projeté à la gloire de Louis seize, en mémoire du rétablissement de l'ancienne magistrature* — Projets de Places Royales Quai Malaquais et Place Dauphine. Huit pièces in-fol.

639. — ENVIRONS DE PARIS : Nouveau château royal de St Cloud, par N. Ransonnette — Vues des Eaux de Brunoy, par Choffard — Chalet suisse, construit à Franconville, par Benoit — Chateau de Vincennes, par Blanchard — Donjon de Vincennes, par Demaison — Portail de St Louis de Versailles — Chateau de Madrid, par Marot. Sept pièces.

640. — EGLISES : Tulle, par E. Gantrel — Vienne, par J. H. Bernavon — Notre-Dame de Chartres, par P. Moreau — St Gratien, de Tours — St Pierre, de Troyes — St Etienne, de Bourges. Six pièces. Belles épreuves.

641. — Eglises : Coutances — Autun — (Avallon)? — St Maurice, d'Angers — Toul — Notre-Dame, de Rouen — St Nicaise, de Reims — St Nicolas, en Lorraine, et plan. Dix pièces. Belles épreuves.

642. — Boulogne-s-Mer — Nice. Deux dessins à la plume.

643. — Carte de la rade de Cherbourg, par Gentot — Vue de la ville et rade de Cherbourg en 1786 (chez *Esnauts et Rapilly*) — Départ d'un cône, de la rade de Cherbourg — Vue de la ville et rade de Cherbourg et le départ du 1er Cône... — Plan de la ville et du nouveau port de Cherbourg avec les travaux des digues formées par les cônes. Clnq pièces in-fol. Belles épreuves.

644. — *Vue de la Fonderie royale du* Creuzot *près Moncenis en Bourgogne.* In-fol. Belle épreuve.

645. — *Portique de l'Eglise cathédrale de* Mets (sic) *eleve en MDCCLXIV A la gloire du Roy... sur les dessins de J. F. Blondel...* par Barabé. Grand in-fol. — *Profil et Elevation de l'Eglise Cathédrale de la Ville de Metz, dessiné... par... françois Bournac...* 1726.

646. — Nancy : Statue de Louis XV, élevée par Stanislas — Place Royale, par Nicole fils, 1753 — Statue de Louis XV, par Collin, 1756 — Vues diverses. Dix-huit pièces.

647. — Orléans : Vue des ouvrages du pont d'Orléans, par Chedel — Intrépidité d'un jeune homme de 20 ans (Janvier 1789) au débordement de la Loire, aux environs d'Orléans — Abbaye royale de Royaumont — Chateaux et Monuments (Médailles de Henri IV), 11 pl. — Chateau de Chambord — Reims, La Place Royale, 2 vues. Dix-sept pièces.

648. — Rouen : Face du logis abbatial de l'abbaye de St Ouen de Rouen — *A Joui sur la Moselle proche de Mets — Frontispice d'un ancien monument de la ville de Reims* — Chateau de Kergournadech. Quatre pièces. Belles épreuves.

649. — Strasbourg : *Devises sur Strasbourg soumis* — Horloge de la Cathédrale — Plan de Strasbourg, 1726 — *Nouvelle et parfaitte Représentation de la Grande Eglise et du Clocher de Strasbourg — Le Plan de la Ville de Strasbourg comme elle a esté en 1680* — Strasbourg (Vue générale) — *Bataille de l'Empereur Jullien pres Strasbourgh.* Six pièces.

650. — *Carte de l'Isle de Corse Par Monsieur de L... capitaine d'Infenterie Juin 1769*. Dessin à la plume lavé d'aquarelle.

651. — Hôtel de Ville de Sézanne, en Brie, projeté en 1776, par J. Varin — Plan de la Ville de Reims — Places royales de Rouen (3 pl.), de Valenciennes, Bordeaux, Rennes — Port de Toulon — Plan de la bataille de Lille, 1708 — Collège Royal de la Flèche, par Baquoy — Profil de la Ville de Brisac — *Le Rare et somptueux tombeau de St Remy*, par E. Moreau, 1633. Treize pièces.

PARISET

652. — Cagliostro (Alexandre, comte de), d'après Boudeville et Houdon — Du Puy (L.), d'après A. Pajos — L. D. M. D., de l'Académie pes Arcades de Rome. Trois pièces. Belles épreuves.

PARIZEAU (P. L.)

652. — Henri IV chez le meunier. In-fol., 1780. Belle épreuve *avant la lettre, imprimée en couleurs*.

PARROCEL (d'après Ch.)

654. — Beauvilliers (M^le de) — Ferté (Mis de La). Deux pièces in-fol. par N. Dupuis.

PARVILLÉE (à Paris chez)

655. — Intérieur du Cabaret Ramponneaux (*Au sein de la paix, goutez le plaisir*...). In-fol. Belle épreuve.

PASSE (C. de) et CUSTODIS (D.)

656. — Monarques et Seigneurs allemands, autrichiens, espagnols et polonais. Dix-huit pièces.

PATAS

657. — *Avènement de Louis Auguste XVI et de Marie-Antoinette au trône de France* — Trait d'humanité du Duc d'Orléans aux environs de Villers-Cotterets, d'après de Myris. Deux pièces. Belles épreuves.

PATAS — PONCE

658. — *L'Innocence reconnue* (1782), d'après Borel — *Bienfaisance récompensée, médaille décernée par la ville de Meaux à N. Tronchon.* Deux pièces.

PEREZ d'ALECCIO (Matteo)

659. — *I Veri Ritratti della guerra & dell'assedio & assalte datialla Isola di Malta, dall'amata Turchesca l'anno 1565.* Frontispice et dix pl. in-fol. en larg., 1582. Rare.

PETIT (Gilles Edme)

660. — *Mlle Mrie Sallé la Terpsicore françoise*, d'après Fenouil. Petit in-fol. Belle épreuve

PETIT — POILLY

661. — La Fontaine Solare de la Boissière (M. G. Louise de), d'après M. Q. de la Tour — Brissac (P. de) — Phelippeaux (J. F.), d'après L. M. Vanloo — Rohan-Guéménée — de Lamoignon — Mich. de Marolles. Six pièces.

PETIT (Simon)

662. — L'Anarchiste (Je les trompe toux deux), pl. satirique contre Carnot. in-fol. Belle Epreuve.

PICART (Jean)

663. — Montmartin (P. Davity, Sr de), 1637 — La Peyre (J. d'Auzolles de), 1631 — Chasteigner (Loys) — Montmorency (Bon de), 1622 — Schomberg (Ch. de), 1638 — Frontispice pour *l'Histoire de la Maison de Chastillon-sur-Marne*, 1621. Six pièces.

PICART — MONCORNET — C. DAVID — LOCHON

664. — Sujets allégoriques pour les Amours du Roy et de la Reine (Louis XIII et Anne d'Autriche) sous le Nom de Jupiter et de Junon avec les Magnificences de leurs Nopces, 1625. Frontispice et vingt-quatre pièces. Belles épreuves.

PICQUENOT

665. — Hommage à l'Assemblée Nationale — Hommage à la valeur Parisienne. Deux pièces faisant pendants — Histoire de Raoul de Coucy et de Gabrielle de Vergy, 4 pl. — Turpin de Crissé (Cte), d'après Pujos, 1785. — Vue de Montbard en Bourgogne. Huit pièces. Belles épreuves.

PICQUET

666. — Molière (François de), d'après D. du Monstier, 1620. — Richelet (N.) Deux pièces. Belles épreuves.

PERRISSON et TORTOREL

Tableaux des guerres, massacres, troubles et autres évènements remarquables advenus en France de 1559 à 1570

667. — Avis au lecteur et suite complète de quarante planches gravées soit à l'eau-forte, soit sur bois (plusieurs pièces sont en mauvais état).

PITOU

668. — Babille (L. J.) Petit in-fol. Très belle épreuve.

POILLY (Nicolas)

669. — Louis XIV, médaillon dans un entourage orné, d'après Mignard. In-fol. en larg. Belle épreuve.

POLOGNE (Estampes relatives à la)

670. — *Représentation de l'Assassinat affreux commis contre La Personne de Sa Majesté Stanislaus Auguste Roi de Pologne à Varsovie Le 3 Novembre 1771 à 10 heures du soir.* In-4. Belle épreuve. Rare.

671. — Partage de la Pologne. In-12 — Révolution de Pologne, caricature in-fol. Deux pièces. Belles épreuves.

POMPADOUR (Marquise de)

672. — *Suite d'Estampes Gravées par Madame de Pompadour d'après les Pierres gravées de Guay, Graveur du Roy.* Frontispice et suite de 63 planches (incomplète d'une pl.). Belles épreuves. On y a joint une vignette : Satyres et Bacchantes.

PONCE (Nicolas)

673. — Assemblée Nationale constituée à Versailles le 17 Juin 1789, d'après A. Borel — Le XIV Juillet MDCCXXXX, d'après Meunier. Deux pièces.

674. — Les Illustres Français — Spectacle historique. Vingt-sept pièces.

PORTRAITS

675. — Mlle Colombe l'Ainée. In-4 de forme ovale. Belle épreuve. *imprimée en couleurs* (sans marges).

676. — La Monoye (Bernard de). In-8. Belle épreuve *avant toute lettre, non terminée.*

677. — Déon de Beaumont — Caricatures anglaises relatives à Déon de Beaumont. Quatre pièces.

678. — Necker. Portraits — Allégories — Caricatures. Vingt-trois pièces. Belles épreuves.

679. — Mirabeau (par Villeneuve?) — Mirabeau mourant (chez Déjabin) — *Dormir... Vue du Cercueil de Mr Mirabeau* — Allégories à la gloire de Mirabeau. Six pièces. Belles épreuves.

680. — Corday (Marie-Anne-Charlotte), petite pièce de forme ovale gravée au pointillé. Très belle épreuve. Rare.

681. — Marat (J. P.). Cinq portraits gravés par Tourcaty, Vérité, Beisson, Le Vachez et Mme Montaland. Belles épreuves.

682. — Marat (Jean-Paul). Douze portraits différents, plusieurs de forme ronde, pour dessus de tabatières, quelques-uns très rares.

683. — Chalier (Joseph). Cinq portraits par Tassaert, Boily, Mme Montaland et anonymes. Belles épreuves, deux *imprimées en couleurs* (une sans marge).

684. — Bara et Viala. Quatre pièces par Pitou et anonymes. Belles épreuves, deux sans marges.

685. — Monarques : Médicis (Marie de) — Henri IV — Anne d'Autriche, par M. Lasne — La Famille Royale de Louis XV — François II — Louis XIII — François Ier — Louis XIV — Charles IX. Dix pièces.

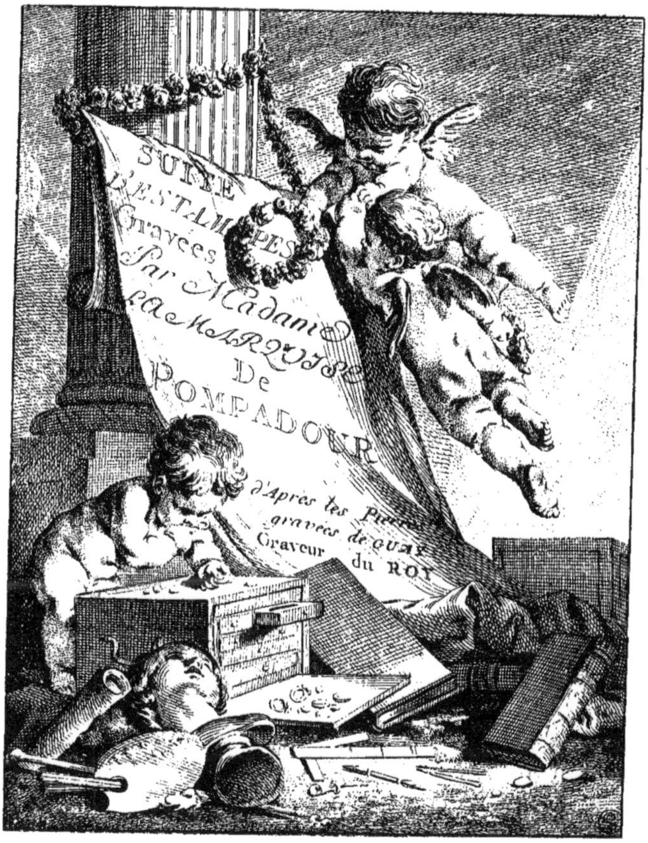

N° 672 du Catalogue.

24 — 686. — PRÉLATS : Le Tonnellier de Breteuil, évêque de Boulogne — Orléans-Lamotte (Gabriel d'), évêque d'Amiens — Ségur (J. C. de), évêque de St Papoul — Colbert (C. J.), évêque de Montpellier — Caylus (C. de), évêque d'Autun — Montillet (J. F. de), archevêque d'Auch — Vintimille (C. G. G. de), archevêque de Paris — Rochefoucault (D. de la), arch. de Rouen — Bernis (C^al de). Neuf pièces par Boudan, Cunégo, Dupin, François, etc. Belles épreuves.

687. Maillard de Tournon (Ch. Th.) — Rabache (Steph.), par *F. Courde* — St Bernard — Clément Wenceslas, Arch. de Trèves, par Verhelst — Troli (Samuel), par *I. Gillberg* — Massillon (J. B.), par *A. Bouys*. Six pièces.

688. — Marie Leczinska, petit médaillon dans des pensées, très-rare — *La Modestie, apanage de Marie Leczinska...*, par Patas — *Venez, pieuse Reine...* (Marie Leczinska). Quatre petites pièces.

689. Moy (Catherine de Harlay, F[mme] de) — Montenay (Georgette de) — Vence de St Vincent (Julie de) — Chéron (Mlle) — Caroline, Reine de Naples — Prie (Mme de) — Salmon (Victoire) — Olivonne (Marianne) — Vatry (Mme) — Fleury (Mlle de) — Marie-Thérèse-Charlotte. Onze pièces.

690. Marie de Médicis — Anne d'Autriche — Motteville (Mme de) — Charlotte, reine de la G[de] Bretagne — Mlle Coralie — Mme Elisabeth — Dumesnil (Mlle) — Du Clos (Mlle) — Du Barry (C[sse]) — Marie-Amélie d'Autriche. Douze pièces par Fornazeris, Vispré, Taraval, etc. Belles épreuves.

691. ARTISTES : Vouet (Simon), par Fr. Perrier — Callot (J.), par Lubin — Errard (Ch.), par lui-même — Audran, par Linger — Descamps, par Chevillet — Molé (F. R.) — Lekain — Bouret. Huit pièces.

692. Le Plutarque français. Vingt-et-une pièces par Mellini, Cathelin, Voyez, Maleuvre, Miger, Le Vasseur, etc. Belles épreuves.

693. Carier, de Nantes — Le Pelletier — *Martyrs de la Liberté* (Le Pelletier, Marat, Chalier) — Cazotte (J.) — Dumouriez — Cloots (J. B.) — Santerre — *Amoureux de la Liberté...* (Le Pelletier et Marat). Huit pièces anonymes. Belles épreuves, plusieurs rares.

694. Roland (Mme) — Vergniaud — Mably (l'abbé) — Lubersac (de) — Necker — Barnave — Thouret — Lepelletier, etc. Quarante pièces, la plupart sans marges.

695. Mirabeau — Dumouriez — Robespierre — Roland — Charlotte Corday — Le Pelletier — Marat — Brissot — Pichegru — Petion, etc. Dix-neuf pièces, plusieurs *imprimées en couleurs* et *coloriées*.

696. — La Brousse (N. de) — Nangis (Alph. Mis de) — Lebret (Pierre) — Bergasse (N.) — Mirabeau (V. de Riqueti Cte de) — Maupeon (René) — Lowendhal (de) — Servan (J.) — Languet de Gergy — Lièvre (F. A.) — Momoro (A. F.) — Perronet (J. R.) — Pichaut de la Martinière — François (N.). Dix-huit pièces, deux avant la lettre.

697. — Saverien (A.) — Bailly — Denieuport (F. E.) — Gerard (Mal) — Laborde de Merville — Aubert (abbé) — Gourlin (P. S.) — Beauvau de Preau — Albon (C. d') — Beaumarchais — Serane (R. P. Jean) — Besenval (de) — Montcalm — Gozon. Vingt pièces.

698. — Lefevre de Caumartin (L.) — Neufville (N. de) — Boucherat (L. de) — Roupert (L.) — La Chaise (R. P. Fr. de) — Mazarin — Thibaud (R. P. Ph.) — Colbert (J. B.) — Senneterre (H. de) — Croy (C. A. de) — Mercœur (P. E. duc de) — Elbeuf (Ch. de Lorraine, duc d') — Rolliard (S.) — Faber (N.) — Vallet (P.). Quinze pièces par Boudan, Chasteau, etc. Belles épreuves.

699. — Ormesson (d') — Floncel (A. F.) — Sommery (J. E. Mis de) — Vallière (L. F. de) — La Peyronie (F. de) — Broglie (Duc de) — Le Noir (Cl.) — Conti (L. F. J. de Bourbon) — Lowendal (Mal de) — Pierre (J. B. M.) — Greuze (J. B.) — Boussard (J.) — Lamourette (A.) — Petion (J.) — Faydit (J. J.) — Savalete (C. P.) — Du Bois (R. P. Donatien). Dix-sept pièces.

700. — *Epitaphe de Mirabeau... hommage fait à l'Assemblée Nationale... par Palloy Patriote* — *Mr Bailly Maire de la Ville de Paris* — *A la Gloire du Vertueux Pethion Pere du Peuple* — Dumont (André) — Delandine (F. A.) — Jumel l'aîné — Chr de Brons — C. G. Le Clerc. Huit pièces.

701. — Voyez d'Argenson (M. P. de), par Marcenay de Ghuy — Pucelle (R.), d'après H. Rigaud — Rossignol (Ant.) — La Rochefoucauld (Cal de), 1645 — Raynal (G. T.) — Estaing (Ch. H. Cte d') — Monteynard (L. F. Mis de) — Fleury (Cal de) — Jourgniac St Méard — Espernon (de la Valette d') — Biron (A. L.) — Bonneguise (J. de), par Cars. Onze pièces.

702. — Pompignan (de) — Luynes (L. d'Albert, duc de) — Huguenin (Sulpice) — Ormesson (d') — Gerin (Ch.) — Le Régent — Lostanges (Arn. L. Mis de) — Maillet (B. de) — Dumouriez — Fauchet (Cl.) — Mercier (L.) — Piron (A.) — Le Seur (Th.) — Verri (N. de) — Linné (Ch.) — Taraval (G. R. et L. G.) — Bignon (A. J.). Vingt pièces. Belles épreuves.

703. — Chastillon (Anne de Polignac de), 1648 — La Motte Haudancourt (Ph. de La), par G. Le Brun — Hue de Miromesnil (Th.), d'apr. A. Paillet, par G. Vallet — Osman Pacha (Cte de Bonneval), par Haïd — Girardin (Cl.), par Humbelot — Chamilly (Noël Bouton, Mis de), par Seupel — Harlay (d'), d'après Du Monstier, 1625 — Le Berthon, par de Villeneuve — Beaufort (Franç. duc de), par G. Le Brun — Savoie (Fr. Hyac. de), par G. Tasnière — Palissot, par Choffard. — Habert de Moutmort, par Randon — de Lionne, par Edelinck. Treize pièces. Belles épreuves.

704. — Francini (T. de) — Le Petit (J. F.), par Sichem — Marillac (L. de) — Séguier (A. L.), par Bouclet — La Motte Géffrard (J. F. J. de) — Linguet (S. N.), par Delattre — Le Cornier (J.) — Boussard (J.), par Benoit — Joly de Fleury (O. L. F.) — Baudrand (M. A.), par Crepy — Godefroi (Denis) — Berwick (Mal de) — Le Tonnelier de Breteuil, par Joullain — Estaing (Cte d'), par Pierron — Ali Mustapha — Chevalier. Seize pièces.

705. — Sorel (Agnès) — Montluc — Condé (Pce de) — Crébillon fils — La Motte — Estrées (Gabrielle d') — Montbazon (Duchesse de) — Joseph II — Du Pont (R. P. Louis) — Fournier (L.) — Lorraine (Ch. de) — Rollin (Ch.) — Molina (L.) — Struensée — Phelypeaux de Pontchartrain — Fleury (Cal de) — Vauban — L'Hôpital (G. F. Mis de) — Vingt pièces.

706. — Broglie (L. V. de) — Mirabeau — Le Pelletier St Fargeau, par H. Gerard — Laverdy (de) — Robespierre (de) — Nestier (de) — Custine — Corday (Charlotte), par Sandoz — Charles-Louis, Archiduc d'Autriche. Neuf pièces.

707. — Portraits des Papes Pie VI et Pie VII. Un dessin et huit estampes par Eichler, Giovini, Piranesi, Gaucher, Desmaretz, Voysard. Belles épreuves, trois *imprimées en couleurs* ou *coloriées*.

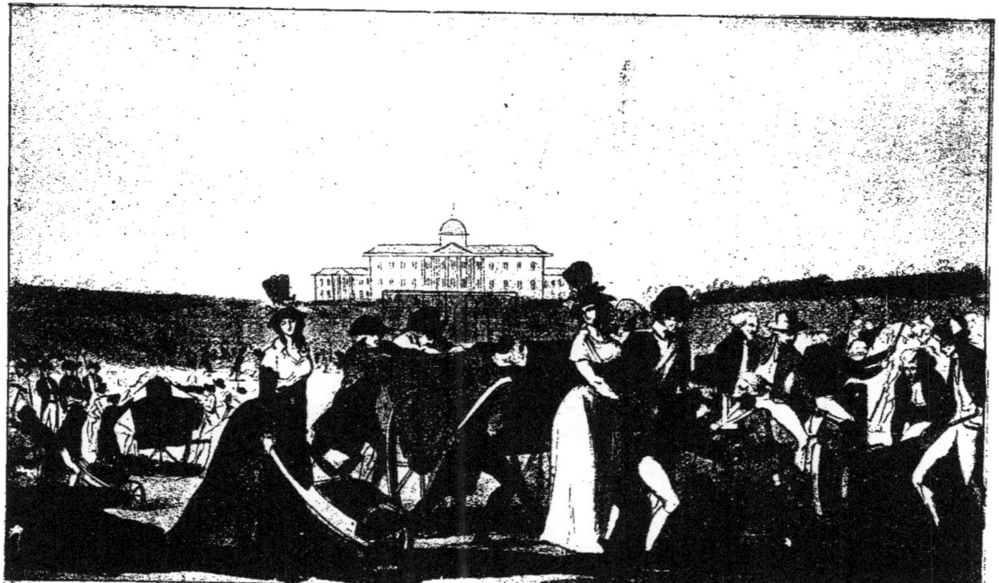

L'effet du Patriotisme et l'activité des Citoyens de Paris pour l'avancement des travaux du Champ de Mars destinés a la Fête du 14 Juillet 1790

N° 737 du Catalogue.

708. — Médicis (Cosme de) — Etrurie (F. duc d'), par L. Kilian — Jean-Georges, duc de Saxe, par C. Waumans — Ferdinand IV, Roi des Romains, Hongrie, etc. — Paul V, Pape — Vladislas V, de Pologne — Frédéric-Guillaume II, par P. A. Tardieu — Gustave III, par M. R. Bertaud — Brunswick-Lunebourg (M. J. L. P^ce de), par Schroder — Léopold (Archiduc). Dix pièces.

29 —

709. — Sultan Murat Chan — Frédéric II de Danemark — Frédéric II, roi de Prusse — Don Carlos — Gustave III, roi de Suède — Joseph II — Georges III, Roi d'Angleterre — Leopold II, Roi de Hongrie — Marie-Thérèse, Reine de Hongrie. Douze pièces par Hoefnagel, A. Girardet, Schütz, I. Taylor, etc. Belles épreuves.

710. — Jacques III, par A. Capellan — Nadard (F. Comte de), par Schwab — Frédéric II à cheval (chez R. Sayer), et par H. J. Tyroff — Maximilien, archiduc d'Autriche, par F. W. F. Gmelin — Joseph II, par Superchy et Schwab — Martin Stockmeyer. Huit pièces. Belles épreuves.

43 —

711. — Personnages divers : Stanislas, duc de Lorraine — Marin (D.) — Artois (Cte d') — Herault (R.) — Varlet (D. M.) — La Broue (P. de) — Merard St Just — Saverien (A.), etc. Soixante-douze pièces.

PRÉVOST (B. L.)

41 — 712. — Hommage des Arts (Médaillon de Marie-Antoinette, porté dans les airs par des génies), d'après C. N. Cochin fils (P. et B. 8). Belle épreuve du 1er tirage.

15 — 713. — *Vaisseaux présentés au Roy par la Province de France,.. en 1761 et 1762*, d'après N. Ozanne. In-fol. Belle épreuve.

PREVOST RAVENET

16 — 714. — Guillotin (J. L.), d'après Moreau le jeune, 2 épr. — Frontispice de l'Encyclopédie, d'après C. N. Cochin fils — *The triumph Britannia*, d'après Hayman. Quatre pièces.

PREVOST (Mme)

715. — Allégories relatives à l'acceptation de la Constitution par Louis XVI. Deux pièces ovales in-4. Très belles épreuves, *coloriées*.

PROTESTANTISME (Estampes relatives à)

716. — *Luther disciple du diable* — *Il pleuuera sur lès pecheurs un deluge de malheurs...* — Calvin, par C. Koning — Beze (Théodore de) — Calvin, Luther, par R. Boivin. Six pièces.

PROVOST

717. — *Le Cauchemar de l'Aristocratie* — *Le Geova des Français*. Deux petites pièces de forme ovale, faisant pendants. Très belles épreuves *imprimées en couleurs*.

PRUDHON (P. P.)

718. — Le Directeur Reveillere, Pape des Theophilantropes (E. de G. 5). In-4. Belle épreuve (sans marges sur 3 côtés). — La Loi, par Copia. Deux pièces.

PRUNEAU (Noël)

719. — Levasseur (Mlle Rosalie), d'après Ph. Dumont — Montbarey (P^ce^ de) — Amelot (M. G.) — Sue (J. J.), d'après A. Pujos. Quatre pièces. Belles épreuves.

QUENEDEY (Edme)

720. — Mirabeau. Petite pièce de forme ronde. Belle et rare épreuve *imprimée en couleurs* (sans marges).

721. — Hérault de Séchelles. Belle et rare épreuve *imprimée en couleurs*, (sans marge).

QUENEDEY et CHRETIEN

722. — Parmentier (J. A. A.) — Laligant Morillon — Ducros, — Mlle Theroigne — Pons (L. de), etc. Seize petites pièces.

QUEVERDO (F. M.)

723. — Marie-Louise de France, religieuse carmélite, anagramme — Anagrammes sur Louis XVI. Trois pièces. Très belles épreuves.

QUÉVERDO (d'après F. M.)

724. — Passage du Roi (Louis XVI) au Havre, le 28 juin 1786, par P. E. L'Epine. In-fol. Belle épreuve.

RAWORTH (à Londres chez John)

725. — Histoire de l'Entrée de la Reine Mère du Roy (Anne d'Autriche) dans les Pays-Bas et la Grande Bretagne. Deux fronstispices et vingt-trois planches. Belles épreuves.

RÉVOLUTION (Estampes relatives à la)

726. — *L'Accomplissement du vœu de la Nation. Vue de la Procession de l'ouverture des Etats-Généraux sortant de Notre-Dame pour aller à St Louis, Prise de la Place Dauphine, à Versailles le 4 May 1789.* In-fol. Belle épreuve. Rare.

727. — *Evenement du 12 Juillet 1789 a six heures du soir. Le Prince Lambesc entrant dans les Thuilleries...* — *La Journée a jamais memorable aux François ou Louis XVI... se rendit a l'Hôtel-de-Ville le 17... juillet 1789.* Deux pièces in-fol. Belles épreuves, une *coloriée.*

728. — Prise de la Bastille, 14 juillet 1789. Neuf pièces différentes, une *avant la lettre*, deux tirées en *bistre.*

729. — *Don patriotique des illustres françoises* (21 sept. 1789) — *Oh bravo Mesdames c'est donc votre tour.* Deux pièces in-fol. *coloriées.*

730. — Repas des Gardes du Corps (*Le trente un Septembre 1789 les Gardes du Corps regalerent les Régimens de Flandres...*). In-fol., *coloriée.* Rare.

731. — *Le Samedi 3 Octobre 1789 a Versailles les Gardes du Corps regalerents* (sic) *les Regiments de Flandres... sur les 4 heures un P. Capucin... fut porté en triomphe au milieu de l'Assemblée...* In-fol. Epreuve *coloriée.* Rare.

732. — Journées des 5 et 6 octobre 1789, départ des Femmes pour Versailles et leur retour. Sept pièces relatives à ce fait. Belles épreuves, *coloriées*, plusieurs rares.

733. — Clémence du Peuple rassemblé le 18 Mars 1790 sur la place d'armes à Strasbourg, par Patas. Belle épreuve.

734. — *Les premiers Martyrs de la Liberté française ou le massacre de la Garde nationale de Montauban, le X May MDCCLXXXX*, par J.-B. Simonet. Belle épreuve.

735. — *Fédération des Départemens du Haut et Bas Rhin et Partie des Départemens Voisins Exécutée Près de Strasbourg sur la Plaine dite des Bouchers, le 13 Juin 1790.* Dessin à la plume par C. Dupuis, architecte.

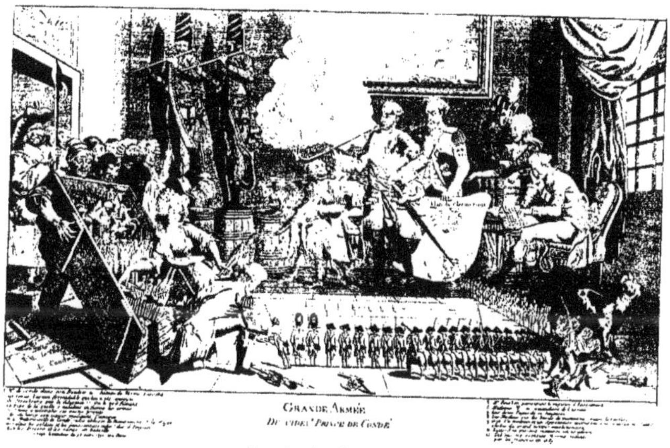

N° 761 du Catalogue.

736. — *Vue du Champ-de-Mars le 14 Juillet 1790 Entrée de l'Assemblée Nationale & des Députés à la Confédération Générale, Exécutée à Paris.* Dessin à la plume, lavé d'encre de chine, par C. Dupuis.

737. — Les Travaux au Champ-de-Mars pour la Fête du 14 Juillet 1790. Trois pièces, l'une accompagnée d'une chanson. Belles épreuves, *coloriées*.

738. — Fête de la Fédération, 14 Juillet 1790. Petit in-fol. Très belle épreuve *imprimée en couleurs* (sans marges).

739. — *Vue générale de la Fédération Française...*, d'après Choquet — Plan général du Champ-de-Mars... ou la Nation française a prêté le serment fédératif... — *Vue de la Décoration et Illumination... 14 juillet 1790*. Trois pièces.

740. — *Revue du Général La Fayette d'une partie de* la Garde Nationale Parisienne... *au Champ de Mars* le 18 Juillet 1790, *ou devait s'enlever... un Ballon de 26 Pieds...* Petit in-fol. Belle épreuve. Rare.

741. — *Chevalier du Poignard désarmés par Ordre du Roi au Chateau des Thuilleries le 28 Février 1791* — *Copie Exacte des infames Poignards... 28 février 1791* — *Le desarmement de la bonne noblesse.* Quatre pièces in-fol. et in-4. Belles épreuves, une *coloriée.*

742. — *Honneur rendue aux manes de Voltaire le 11 juillet 1791.* In-fol., *coloriée.* Rare. — *Inscriptions du char pour la translation de Voltaire le XI Juillet 1791.* petit in-fol. par *Félix Massard* — *Sercophage* (sic) *qui a transporté les mânes de Voltaire au Panthéon le 11 Juillet 1791.* In-8 de forme ronde *imp. en couleurs.* Trois pièces. Belles épreuves.

743. — *Mr de la Fayette commandant de la Garde Nationale Parisienne reçoit des mains de la Ville l'Epée de la deffense de la liberté* — *Résultat du pacte fédératif ou jour mémorable du 14 Juillet 1790...* — *La Nation Française assistée de Mr de la Fayette terrasse le Despotisme.* Trois pièces. Belles épreuves, deux *coloriées.*

744. — *Le mai des français ou les entrées libres* (1er mai 1791) — *Bouquet donné le premier Mai 1791 à tous les bons Patriotes Français.* Deux pièces in-fol., une *coloriée.*

745. — Les Entrées libres aux Barrières de Paris (1791). In-fol. gravé à la manière du lavis. Très belle épreuve (sans marge).

746. — *Exécution populaire à Strasbourg le 25 Juin 1791... des trois scelerats Klinglin Heyman et Bouillé... en effigies...* In-fol. Belle épreuve, *coloriée.* Très rare.

747. — *Mort de M. de Manges Commandant de la Garde Nationale de Metz tué en se présentant aux portes de Nancy.* In-fol. Epreuve *coloriée.* Très rare.

748. — *Belle action de 16 habitans de Saussure le 20 frimaire l'an 2e.* Deux pièces in-fol. et in-8. Belles épreuves, une *avant la lettre.*

749. — *Vue du Champ de Mars le jour du 20 Prairial L'An 2e...* (Fête de l'Etre Suprême), par Texier — Le Culte naturel, par Mallet — *Fête célébrée en l'honneur de l'Etre Suprême le 29 Prairial l'an 2me* — *Montagne élévee au Champ de la Réunion pour la fête de l'Etre Suprême*, par Simon et Marchand. Quatre pièces.

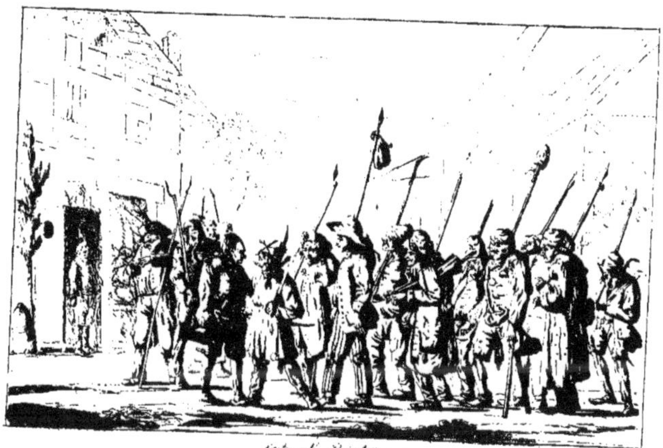

N° 764 du Catalogue.

750. — Affaire du Camp de Grenelle sous Paris, 23 fructidor an 4 — Supplice de douze des Prévenus dans l'affaire de Grenelle — Affaire arrivée au Camp de Grenelle. Quatre pièces. Belles épreuves, une *coloriée*.

751. — Mirabeau sur son lit de mort (chez Jaufret) — Hommages rendus à la mémoire de Mirabeau — Les Amis de la Constitution aux Manes de Mirabeau. — Apparition de l'Ombre de Mirabeau trouvé dans l'Armoire de fer au Château des Thuileries. *L'Immortel Mirabeau renaît de sa Cendre* — *M. Mirabeau remettant à M. de Talleyrand... son ouvrage sur les successions en présence de M. De la Marck.* — *Société des Amis de la Constitution.* (Mirabeau à la Tribune). Sept pièces. Belles épreuves.

752. — *Monument élevé aux mânes des victimes immolées à Lyon par les Terroristes* — Pierre Ancise rendu aux Citoyens en aoust 1789. Deux pièces. Belles épreuves.

753. — La Nuit du 29 au 30 Aoust 1788 à la Place Dauphine à Paris — Serment prêté dans le Jeu de Paume à Versailles — Fête de la Fédération au Champ-de-Mars, 2 pl. diff. — Confédération de Lille du 6 juin 1790. Cinq pièces.

754. — Journée du XIII Vendémiaire (*avant toute lettre*) — *La Journée mémorable du Mardi 14 Juillet 1789* — *Attaque nocturne du camp de Grenelle* — *Fête à l'Eternel* — *Le Serment fait sur l'Autel de la Patrie le 14 Juillet 1790...* — *Confédération des Français à Paris l'an 2*[me] *de la Liberté...* Six pièces. Belles épreuves, plusieurs tirées en sanguine ou en bistre.

755. — Siège de la ville de Thionville (6 septembre 1792) — Bombardement de la ville de Lyon (Oct. 1793). Deux pièces in-fol., *coloriées.*

756. — Exécution de Robespierre. Estampe satyrique sous forme de rébus. In-fol. Rare.

757. — Assassinat de Marat. Deux pièces fort rares. Très belles épreuves.

758. — La mort du patriote Marat — Charlotte Corday écrivant sa dernière lettre à son Père. Deux pièces in-4. Belles épreuves.

759. — Tombeau de Marat, par Née d'après Pillement — *Inauguration du buste de Marat... Place de la Réunion à Paris l'an 2...* par Ransonnette — *J. P. Marat, apôtre sanguinaire traité comme il le mérite...* Trois pièces.

760. — *Grand convoi funèbre de leurs majestés les Jacobins en leur vivant nos seigneurs et maîtres, décédés en leurs palais de la rue St-Honoré.* Grav. in-fol. en larg. (par Massard fils). Très belle épreuve, *coloriée.*

761. — *Grande Armée du cidev' Prince de Condé.* In-fol. Très belle épreuve.

762. — *Défaite des Contre Révolutionnaires commandés par le petit Condé.* In-fol. Très belle épreuve, *coloriée.*

763. — *Revue du Général fayence contre révolutionnaire.* In-fol. Belle épreuve, *coloriée.*

764. — *Patrouille Révolutionnaire. Amis quelle Moisson Sofre à notre courage ! laissons la les lauriers, mais courons au pillage.* In-fol. Très belle épreuve.

765. — *La Contre-Révolution ne seroit Elle Q'une Caricature — Les Réfractaires allant à la terre promise.* Deux pièces in-fol.

766. — *Grand Conseil des Emigrans — Le Conseil électoral.* Deux pièces in-fol. Très belles épreuves, la seconde *coloriée.*

767. — *Le Pere Duchesne — Il est bougrement en colère le Pere Duchesne — Le pere Duchêne.* Trois pièces. Belles épreuves.

768. — *A la nation Française les Protestans reconnaisans, 1793 — La Révolution Française arrivée sous le Regne de Louis XVI... — La Liberté triomphante fesant amarrer le Vaisseau de l'Etat au Port de la Constitution.* Trois pièces gr. in-fol. par Duplessis et Perdriau. Belles épreuves.

769. — *Envoi d'un supplement d'armée au ci-devant prince de Condé par MM. les noirs ou du cul de Sac.* In-fol. Très belle épreuve, *coloriée.*

770. — L'attaque de la Constitution — *La Contre-revolution dédiée au cul-de-sac des Noirs — La Contre révolution Ratée ou les Paniers percés.* Trois pièces in-fol. Très belles épreuves, deux *coloriées.*

771. — *La Foire de Coblentz — Le Gazettier de Coblentz.* Deux pièces in-fol. Très belles épreuves, *coloriées.*

772. — *La Grande émigration du roi des Marmottes.* In-fol. Très belle épreuve, *coloriée.*

773. — La Mascarade — *La france... vient de déchirer le voile qui cachoit la vérité... — Réponce* (sic) *à l'auteur de la Chronique qui appelle Bombe, la Bulle du Pape.* L'Offrande du Vatican ou des Princes. Quatre pièces in-fol. Très belles épreuves, trois *coloriées.*

774. — *Le Convoi de la Royauté. Les Jacobins de Strasbourg...* In-fol. Belle épreuve, *coloriée.*

775. — *Marche du Dom Quichotte moderne pour la deffence du Moulin des Abus.* Grand in-fol. Belle épreuve, *coloriée.*

776. — *Congrès des Rois coalisés, ou les tyrans (découronnés) — Ils n'ont pas assez de Jambes pour se sauver — Epoque du 30 Floreal l'An 5... — Présentation des hacquenées au St-Père — La Brûlure.* Cinq pièces in-fol. Belles épreuves.

777. — Viala — Chalier — Liberté — La Raison — *Action héroïque d'Agricola Viola* — Etre Suprême, etc. Douze pièces, projets pour papiers peints ou tentures. Rares.

778. — Tableaux des Droits de l'Homme et du Citoyen. Vingt-six-pièces in-fol., plusieurs rares.

779. — CARICATURES SUR LE CLERGÉ : *Jadis je fut* (sic) *un bon gros Moine... — l'Enrolement de trois Religieux — Le froc aux orties... — Dernière Procession des Pretres refractaires le 31 Aoust 1792 — Serments de MM^rs les Aristocrates — Mgr après une si longue... — Le Pere istille Augustin — Le Joli Moine profitant de l'occasion — Vanité des Vanités... — Quelle perte grand Dieu le Pape... — Le Coup de filet... — La Culbute... — Ah Pendard... — Qui vive l'Arlequin...* Quatorze pièces. Belles épreuves, *coloriées.*

780. — *A la Gloire de la Nation Française,* par Audouin *Grenadier Volontaire* — Frontispice des Tableaux de la Révolution Française, par Coiny et Malapeau, 2 états — Triomphe de la République française... dédié à la Patrie — *L'Invincible raison de la douce Egalité... — Règne de la Loi* — La Liberté — L'Egalité, par Pointeau. Huit pièces.

781. Caricatures relatives à La Fayette. Dix-neuf pièces, plusieurs rares. Belles épreuves.

782. Fête militaire exécutée par les Elèves de l'Ecole de Mars en célébration de l'expulsion des Ennemis du Territoire Français — Affreuse vengeance d'un Particulier de Senlis — La Constitution lue au Peuple français — Déclaration des Droits de l'homme... *L'Optique naturelle et Artificielle...* Cinq pièces.

783. — *Sur les Décombres du Despotisme* (avec les médaillons de Louis XVI, La Fayette et Bailly) — *Domine salvum fac Regnum.* Deux pièces. Belles épreuves.

RIGAUD (J.)

784. — Réception des Chevaliers de l'Ordre du St Esprit dans la Chapelle de Versailles, lors de la grande promotion du 3 juin 1724. In-fol.

ROBIN DE MONTIGNY

785. — Déon de Beaumont (Ch. G. L. C. A. T.). In-4. Très belle épreuve. Rare.

ROCHEFORT (de)

786. — Villars (L. Hector de). In-fol. Belle épreuve.

ROMANET (A.)

787. — Bourbon-Conti (L. F. de), d'après Le Tellier — Bernard de Clugny (J. E.), d'après Le Tellier — Roylllet (H. S.), d'après de Ferville — Beaumont (Chr. de), d'après A. Duhamel — Gebelin (A. Court de), d'après Mlle Linot. Cinq pièces. Très belles épreuves.

ROMANET (A. L.)

788. — Jean Grimoux, d'après lui-même. Belle épreuve.

ROSIÈRES (Estampes relatives aux)

789. — *La rosière de surenne* (Suresnes) *Couronnée le 10 aoust 1788* — La Rosière, par Dufrenoy, d'après Edouard — La Rosière de Salanci, d'après Greuze. Trois pièces. Belles épreuves.

ROUSSEAU (Estampes relatives à J. J.)

790. — Portraits — Allégories — Vignettes, etc. Trente-neuf pièces par divers artistes, plusieurs *avant la lettre.*

ROUSSEAU (J. F.)

791. — Eugènie ou la Noblesse (Marie-Antoinette montrant le portrait de sa Mère), d'après C. N. Cochin fils, 1780. Belle épreuve.

ROUSSELET (Gilles)

792. — Brienne (de), d'après Ch. Le Brun, 1662 — Cujas (J.), 1658 — Anonyme, d'apr. Ph. de Champaigne, 1658 — Frontispice? avec le médaillon de Louis XIII. Gr. in-fol. d'après Gr. Huret. Quatre pièces.

ROY

793. — Marie-Anne Charlotte Corday, d'après Brard. Ovale in-4. Belle épreuve. Rare.

RUSSIE (Estampes relatives à la)

794. — *Vue du port de Chisme avec la destruction de la flotte Ottomanne par l'Escadre Russe... du Comte Orlow, La Nuit du 7 juillet 1770 — Plan du Combat naval de la flotte de S. M. I. de toutes les Russies... contre celle des Ottomans du 5 Juillet 1770.* Deux pièces in-fol. Belles épreuves, *coloriées.*

795. — Victoire remportée sur les Turcs le 1er août 1770 par l'Armée Russe, par D. Chodowiecki. In-4. Belle épreuve.

796. — Catherine II, Impératrice de Russie, par J. Walker d'après Schebanoff. In-fol.

797. — Catherine II voyageant dans ses Etats en 1787, d'après F. de Meys, par J. J. Avril. Grand in-fol. Belle épreuve.

798. — *L'Enjambée Impériale.* In-fol. Très belle épreuve à grandes marges.

799. — La Gloire couronnant Pierre le Grand traîné dans un char attelé de deux aigles. Dessin à la plume, lavé d'encre de chine.

800. — Petrovitch (Paul), Gd Duc de Russie — Fœdorowna (Marie) — *A l'Impératrice de Russie* (médaille de Catherine II, 1783) — Souvarow. Quatre pièces.

SADELER — SPIRINX

801. — Rodolphe II, Roi de Hongrie — Baudesson (Anne) — St Charles Borromée — Trois pièces.

SAINT-AUBIN (Aug. de)

802. — Médaillon de Louis XVI sur la pyramide de la Constitution Française (E. B. 148). In-4. Très belle épreuve.

803. — Rebecque (La Bnne de) (232). Belle épreuve (sans marge)

804. — Stanislas, roi de Pologne — Moreau le Jeune, d'après C. N. Cochin fils — Necker, d'après J. S. Duplessis — Condorcet, d'après J. B. Lemort — Frontispice des *Commentaires sur la Henriade*, par de la Beaumelle — Cinq pièces.

805. — Necker — Linguet — La Lande (Jérôme de) — Blanchet (F.) — Voyer de Paulmy (A. R. de) — Helvétius — Le Régent. Condorcet — Belloy (de) — Pellerin (J.). Dix pièces. Belles épreuves.

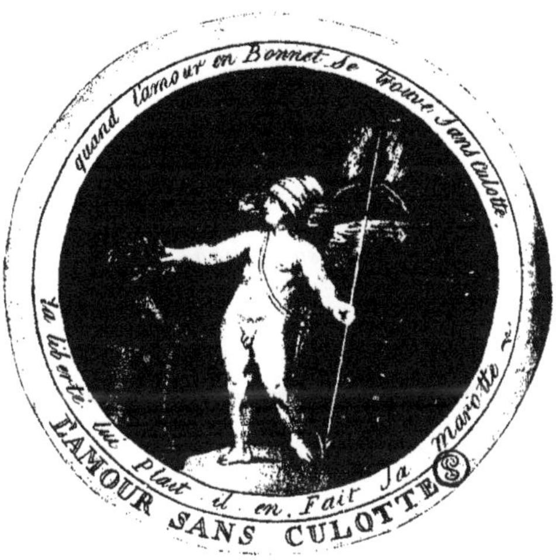

N° 837 du Catalogue

SAVART — SIMONNEAU

806 — Livry (D. Nic. de), d'après L. Tocqué. — Montalembert (M. R. Mis de) — Mesnager — Réaumur. Quatre pièces.

SAVRY (Salomon)

807. — Planches pour le voyage de Marie de Médicis en Hollande. Sep pièces in-fol. Belles épreuves.

SCHLECHTER

808. — *Entrée publique... de M^r le Comte de Kaunitz... faite à Paris le 17 Septembre 1752... en passant le Pont-Neuf.* Grand in-fol. Belle épreuve.

SCHMIDT (G. F.)

809. — Rousseau (J. B.), d'après J. Aved. In-4. Très-belle épreuve.

SCHUPPEN — TROUVAIN

810. — Foucault (N. J.), d'après N. de Largillière, 1698 — Le Fevre de Caumartin (L. F.), d'après F. de Troy, 1685 — Roville (P.), d'après J. Galliot — Menestrier (C. F.), d'après P. Simon. Quatre pièces.

SCHUTZ (C.)

811. — Le Pape Pie VI à Vienne disant la messe et bénissant la foule, 1782. Deux pièces in-fol. Épreuves *coloriées*.

SERGENT (A. F.)

812. — *Projet d'un Monument élevé à l'honneur de Louis XVI*, 1790. In-4. Belles épreuves tirées en bistre.

813. — Expérience du Globe aérostatique de MM. Charles et Robert, 1er Déc. 1783. In-8. Belle épreuve.

814. — Portraits et sujets historiques pour la *Collection des portraits des grands hommes...* Cent-cinquante-huit pièces *impr. en couleurs*.

SILVESTRE (Israël)

815. — Chasteau neuf de St Germain en Laye — Chateau de Chambord du côté de l'entrée — Chateau de Fontainebleau, côtés de l'Orangerie, Jardins, de l'Étang et du Grand Canal — Chateau de Monceau. Huit pièces in-fol.

SOMBRET (à Paris chez)

816. — Action courageuse du Citoyen Mendement. In-4. Très-belle épreuve.

817. — Mort courageuse de Fabre de l'Hérault. Très-belle épreuve.

818. — Mort héroïque du Gal Moulins. Trés belle épreuve.

819. — Mort héroïque du jeune Barra. Trés belle épreuve.

SUISSE (Estampes relatives à la)

820. — *Vraye representation de l'escalade entreprise sur Genève par les Savoyards et sa belle délivrance l'an 1602 XII de Decembre.* In-fol.

821. — Tentative du duc de Savoie contre Genève repoussée par les habitants, 1602, par J. Poinssart. In-fol. Belle épreuve.

822. — GENÈVE : Plan de Genève — Vue de la ville de Genève — Genève plagiaire, par Coton, frontispice par laspar lsac — Genève Ville des Anciens Allobroges — Mort d'Arnold de Winkelried, par Abr. Girardet. Cinq pièces.

823. — Les Lutteurs sur les remparts de Berne, le lundi des Pâques, par F. Janinet, d'après M. Wacher fils. In-fol. Belle épreuve.

824. — Entrée de son Exc. le Mis de Vergennes et du Corps Helvétique dans l'Église de St Urs et St Victor, à Soleure, d'après Midart — Illuminations et feu d'artifice exécutés à Soleure... pour le renouvellement d'alliance entre la France et la Suisse. Trois pièces. Belles épreuves.

SURUGUE (L.)

825. — Madame de ** (Mouchy) *en habit de Bal*, d'après Ch. Coypel. Très belle épreuve (légèrement rognée).

TABATIÈRES

826. — *Carte générale de la France, divisée en 83 départements* (A Paris chez Le Vachez). Suite de 86 petites pièces de forme ronde. Belles épreuves, *coloriées.*

827. — Louis XVI, Marie Antoinette, le Dauphin et Mme Elisabeth — Louis XVI, Henri IV et Louis XII — Louis XVI coiffé du bonnet phrygien — *Ci-gît Louis qui malgré ses bienfaits.* Cinq petites pièces de forme ronde, trois très-rares, une *imprimée en couleurs.*

828. — Urnes funéraires formant les profils de Louis XVI, de Marie Antoinette et de la Famille Royale — Testament de Louis XVI. Six petites pièces de forme ronde, rares. Très belles épreuves.

829. — *Monument élevé à la mémoire de Montg. Charles et Robert* (aux Tuileries). Petite pièce de forme ronde. Rare.

830. — *Histoire de la République trahie en 3 volumes.* (La Fayette, Dumouriez, Pichegru). Petite pièce de forme ronde. Rare.

831. — *Les Vertus!* par A. M. De Gouy, d'après C. Eisen. Petite pièce de forme ronde.

832. — *Dagobert, général François... a conqui* (sic) *la Cerdagne Espagnole à la République.* Petite pièce de forme ronde. Très belle épreuve.

833. — A Barra et Garnier — A Chaslier — Aux Manes de Le Pelletier et Marat. Trois petites pièces de forme ronde, tirées en bistre ou en sanguine.

834. — Marat — Chalier — Lepelletier — Barra — La Rochefoucauld (L. A. Duc de) — Viala — Robespierre — Péthion. Dix petites pièces de forme ronde. Belles épreuves.

835. — Famille royale d'Espagne. Petite pièce de forme ronde. Belle épreuve, *coloriée.*

836. — La République Française — Le Genie Révolutionnaire parcourent l'Univers — Liberté Egalité. Cinq petites pièces de forme ronde, *imprimées en couleurs.* Rares.

837. — La République triomphante — Le Triomphe de la Vertu Républicaine — L'Amour sans culotte — La Convention soutenue par le Peuple — La Fraternité — Constitution républicaine — La Victoire parcourant la République. Huit petites pièces de forme ronde ou ovale, par Darcis et Allais. Belles épreuves.

838. — Tabatière aux Assignats — Tabatière aux Monnaies Françaises — Scènes de la Révolution. Quatorze petites pièces rondes, plusieurs coloriées ou tirées en bistre.

839. — La Liberté — La Justice, etc. Quatre petites pièces de forme ronde. Très belles et très rares épreuves *imprimées en couleurs.*

840. — Liberté et Egalité — La Vérité — *L'Amour de la Patrie, dédié aux bons patriotes* — La Loi — La Justice, etc. Treize petites pièces de forme ronde, plusieurs coloriées ou tirées en sanguine.

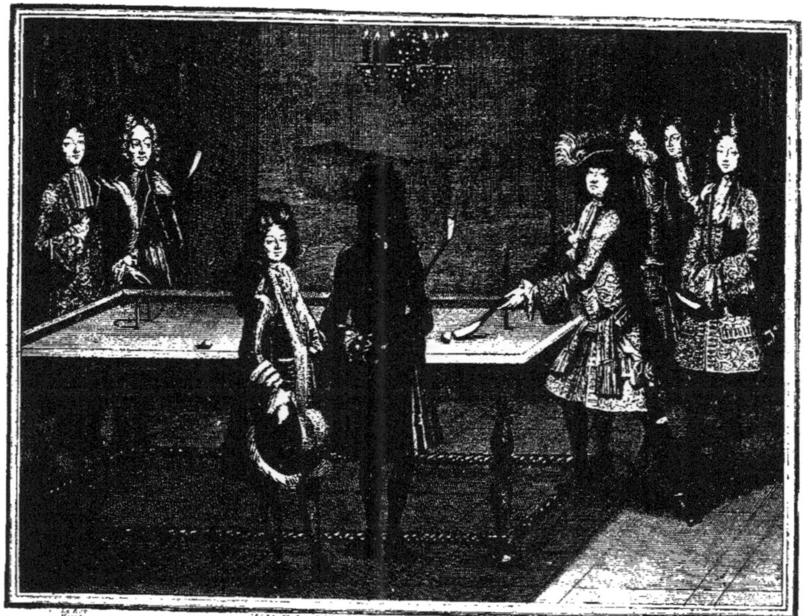

TROISIEME APPARTEMENT

N° 801 du Catalogue.

841. — La Liberté — L'Egalité — La Victoire — La Vérité, etc Dix-sept pièces de forme ronde, plusieurs tirées en bistre.

842. — Scènes de la Révolution française — Compositions allégoriques. Vingt-trois petites pièces de forme ronde, un certain nombre *imp. en couleurs*, en *bistre*, ou *coloriées*, plusieurs très rares.

843. — Sujets divers, allégories relatifs à la Révolution et au 1er Empire. Trente petites pièces de forme ronde, plusieurs *coloriées*.

844. — *Les amis de la Nation* (Napoléon 1er et ses frères Joseph et Louis). Petite pièce de forme ronde *imprimée en couleurs* et *coloriée*.

TARDIEU (J.)

845. — Lorme (C. F. de), d'après J. S. Duplessis — Rochechouart (P. J. Cesar de), évêque de Bayeux, 1764. Deux pièces in-fol. Très belles épreuves.

TARDIEU (N. et J.)

846. — Louis XV, médaille d'après Duvivier, 1745 — Dubocage (Mme), d'après Mlle Loir — Pollart (R. P. Nicolas), 1741 — Le Camus (N.), d'après H. Rigaud — Mesenguy (F. P.) — Le Roy (L. G.) — Guiller (Ch.). Sept pièces.

TARDIEU (Pierre-François)

847. — Allégorie relative au Mariage du Prince de Bourbon-Conty avec Fortunée d'Est, d'après J. B. Piauger. In-4. Belle épreuve.

TASSAERT (J. J. F.)

848. — Le 31 May 1793 — La Nuit du 9 au 10 Thermidor an 2, d'après Harriet, Deux pièces grand in-fol. Très belles épreuves.

849. — Lavoisier, d'après David. Belle épreuve.

850. — *Louis XVI, roi des François* (Portrait *équestre* du monarque). Petite pièce de forme ovale. Belle épreuve. Très rare.

TAUNAY (d'après)

851. — Mort du général Dampierre, par L. P.. In-fol. Belle épreuve.

TEXIER (Gabriel)

852. — *Apparition d'Henri IV à Louis XVI ou la Vérité découverte — L'Arrivée du Roi de Prusse aux Champs Elises et sa réconciliation avec Voltaire par Henri IV.* Deux pièces. Belles épreuves.

THÉATRE (Estampes relatives au)

853. — La Journée de Louis XII, par A. Chénier, scènes des 2e et 3e actes, 2 pl. — Valsuani, dit l'Italien. Trois pièces.

THEVENARD (à Paris chez P.)

853 *bis*. — Publication (Place des Victoires) de la Paix signée par le Roy de France... à Aix-la-Chapelle les 19 et 20 Novembre 1748. In-4. Belle épreuve.

THEVENIN (C.)

854. — Prise de la Bastille. In-fol. Belle épreuve.

THOMAS — TILLIARD

855. — De Chanet Desessarts (Denis), d'après Ingouf aîné — Mirabeau (Vict. de Riquetti, Mis de) — Pernette (J.), d'après Liotard. Trois pièces.

THOMASSIN (Simon)

856. — *L'Auguste Famille de Monseigneur le Dauphin*, d'après P. Mignard. In-fol.

THOUVENIN

857. — Trait de courage héroïque d'une femme à Saint-Mithier contre des *brigands de la Vendée*, d'après Cazenave. In-fol. Très belle épreuve.

TIGER (à Paris chez)

858. — Traité de Paix de l'An IX (1801), allégorie avec les médaillons de Bonaparte et de Georges III. Très belle épreuve.

TOUZÉ (d'après)

859. — *Vive la Danse et le Pas de trois*, par Allais. Ovale in-fol. Très belle épreuves à grandes marges.

TROUVAIN (Antoine)

860. — Seconde Chambre des Appartemens (de Louis XIV). In-fol. Belle épreuve. Rare.

861. — Troisième Chambre des Appartemens (Louis XIV jouant au billard). In-fol. Belle épreuve. Rare.

VACHEZ (à Paris chez)

862. — *Vue de la Prairie de Nesle, Triomphe de Mrs Charles et Robert.* In-fol. Belle épreuve, *coloriée.*

863. — *Aerostat des MM Robert, Fait d'après leur Dessin.* In-4. Belle épreuve.

864. — La Rentrée du Char triomphant ramenant à Paris le 2 décembre 1783, à 5 heures et demie du soir le globe aerostatique monté par Charles et Robert. In-4. Belle épreuve. Rare.

VALESIO (F.)

865. — *La Venetia edificata poema eroico di Givlio Strozzi — In Venetia.* Frontispice et vingt-quatre planches. Belles épreuves.

VALPERGA (L.)

866. — Arnaud (Franç.), abbé de Grandchamp, d'après J. S. Duplessis. In-fol. Très belle épreuve.

VANGÉLISTY (Vincent)

867. — Balance de Frédéric, 1780 — Buffon, d'après A. Pujos, 1777 — Bourbon Condé (L. H. J. de) — Servandoni d'Hannetaire — Verlac de Bastide. Cinq pièces. Belles épreuves.

VARIN (Charles Nicolas)

868. — Le Clerc de Juigné (A. E. L.). Très belle épreuve.

VARIN FRERES

869. — Fêtes données à Reims en 1765 pour l'inauguration de la statue de Louis XV. Trois pièces (d'une suite de 4 pl.) grand in-fol. Belles épreuves.

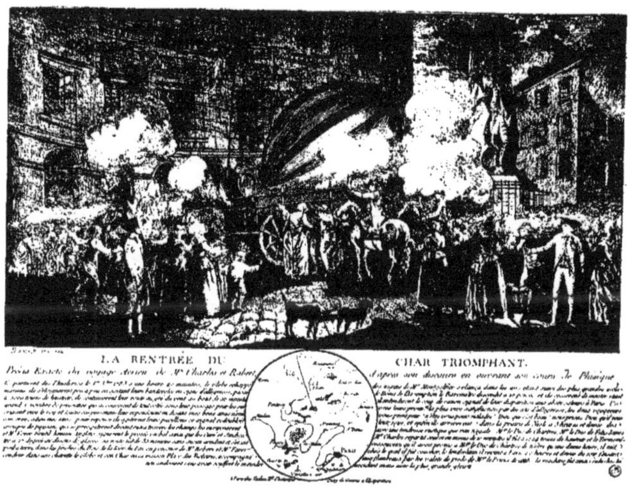

N° 864 du Catalogue.

VÉRITÉ (J. B.)

870. — Marat — Robespierre — Le Pelletier — Beaulieu, d'après Bauzil — Prieur (P. L.) — Talleyrand-Perigord (Ch. M.) — Thouret (J. G.) — Guadet. Huit pièces. Belles épreuves.

VERMEULEN (Corneille)

871. — Le Fevre de Caumartin (L. U.), d'après F. de Troy — — Sirmond (J.) — Phelypeaux (B.). Trois pièces.

VERTUE (G.)

872. — Souverains d'Angleterre. Cinq pièces in-fol. *avant la lettre.*

VESTIER

873. — Masers de Latude (H.). In-fol. Belle épreuve.

VIDAL

874. — Gerbier (P. J. B.), d'après Pujos. Belle épreuve.

VIGNETTES

875. — Histoire d'Héloïse et d'Abeilard — Vignettes diverses. Cinquante-six pièces, d'après Moreau le jeune, Cochin, Gravelot, Marillier, etc., plusieurs avant la lettre ou à l'état d'eau-forte.

VILLENEUVE (Maurice de)

876. — *Vue de l'incendie, arrivée à la Charpente de la Nef... de l'Eglise Cathédrale St André de Bordeaux, le 25 Aouts 1787.* In-fol. Très belle épreuve.

VILLENEUVE

877. — *Journée du 10 Aoust 1792, Aux Braves sans Culottes.* In-fol. Belle épreuve.

878. — *Aux Fédérés l'an IVe de la Liberté*: Pétion (Jérôme), dans un cœur. In-4. Belle épreuve *tirée en bistre.*

879. — Louis XVI coiffé du Bonnet rouge, buvant à la santé de la Nation. Deux pièces différentes. Belles épreuves tirées en bistre et coloriées.

880. — *Matiere a reflection* (sic) *pour les jongleurs couronnées* (Une main tenant la tête de Louis XVI décapité). In-4. Très belle épreuve. Très rare.

881. — *Réception de Louis Capet aux Enfers par grand nombres* (sic) *de brigands ci-devant couronnées*, dédiée *aux Républicains Français.* In-fol. Très belle épreuve. Très rare.

882. — *Aux manes de nos frères, sacrifiez* (sic) *par le traite* (Une main tenant la tête de Custine décapité). In-4. Belle épreuve. Rare.

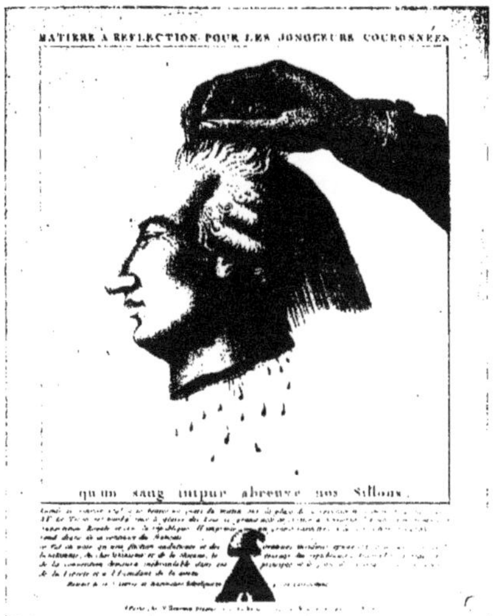

N° 880 du Catalogue.

883. — *A la gloire immortel de Marat l'ami du peuple* (Obélisque élevé sur la Place de la Réunion) — *N'ayant pu me corrompre il m'ont assassiné* (Tombeau de Marat dans le Jardin des Cordeliers) — *Marat vainqueur de l'Aristocratie.* Trois pièces. Belles épreuves.

884. — Trait sublime de courage et de dévouement de Beaurepaire — *Marche précipité du Perfide Dumourier vers paris...* Deux pièces.

885. — *L'Egalité triomphante au le Triumvirat puni* (Robespierre, Couthon, St-Just). Belle épreuve.

886. — *Le Trium-geusat* (Frédéric, Brunswick, François). In-fol. Belle épreuve. Rare.

887. — *L'Aristocrate : Maudite révolution* — La *Démocrate : Ah l'bon décret.* Deux pièces de forme ovales. Belles épreuves *imp. en couleurs.*

888. — Robespierre 2 épr. — Péthion, 2 épr. — Mauri (abbé) Le Temps présent — L'Allusion. Sept pièces de forme ovale imprimées sur fond rouge.

889. — Cause première de toute révolution — La bonne justice — Françaises devenues libres, etc. Sept pièces in-8 de forme ovale, imp. en couleurs. Belles épreuves.

VINSAC

890. — Frédéric Henri Louis de Prusse, 1789 — Delile de Sales, d'après A. Pujos. Deux pièces. Belles épreuves.

VOISIN

891. — Aerostat exécuté au chateau des Tuileries et destiné à la ville de Calais (c'est celui dans lequel Pilatre de Rosier et Romain aîné trouvèrent la mort). In-4. Très belle épreuve.

VOLTAIRE (Estampes relatives à)

892. — Portraits — Allégories. Quarante pièces par Huber, Ransonnette, Macret, Miger, Henriquez, etc. Belles épreuves.

VOYEZ LE JEUNE

893. — Choiseul (Duc de) — Rohan (L. R. E. P^ce de). Deux pièces. Belles épreuves.

VOYEZ (les)

894. — Fumel (H. de) — Greban (F. J.) — Buisson de Beauteville — Besenval (J. V. de). Quatre pièces.

VOYSARD (E.)

895. — *Vue perspective de la décoration et du feu d'artifice tiré à l'Hôtel de Ville de Paris, à l'occasion du Mariage... du Dauphin le 21 janvier 1782.* In-fol. Très belle épreuve.

896. — *Vue du Batiment construit... pour voir le Feu d'artifice tiré... à l'occasion de la Naissance de Mgr le Dauphin... (21 janv. 1782) — Vue perspective de la Décoration et du Feu d'artifice tiré... le 21 janvier, 1782.* Deux pièces in-4 et in-fol., d'après Desrais. Belles épreuves.

897. — L'Alaitement maternel encouragé, d'après A. Borel — Vignette d'indulgence du Pape Pie VI — Combat entre la frégate française la Surveillante et la frégate anglaise le Quebec, le 6 oct. 1779 — Gillet (Louis), d'après A. Borel. Quatre pièces.

WAILLY (d'après De)

898. — Obélisque élevé à la gloire de Louis XVI, 1780. Grand in-fol. Belle épreuve.

WATTEAU (d'après Ant.)

899. — *Départ des Comédiens Italiens en 1697*, par L. Jacob. In-fol.

WEBERT (à Paris chez)

900. — *Le Nouveau Calvaire* (Louis XVI en croix entre les comtes d'Artois et de Provence, est pleuré par Marie-Antoinette et la D^sse de Polignac). In-4. Belle épreuve. Très-rare.

WEBERT — WOLCH

901. — *Chute prochaine de la fille à Target — L'expirante Targinette* — Abus constitutionnel, abus ministériels *Le Propagandier* — Le Retour désiré. Cinq pièces.

WIÉRIX (Ant.)

902. — La Venerable Me Ana de Iesus, 1621. In-8. Belle épreuve.

903. — Philippe, Prince d'Orange. In-4. Belle épreuve.

WILLE (J. G.)

904. — Marigny (A. F. Poisson, Mis de), d'après L. Tocqué (Ch. Le Bl. 125). Belle épreuve.

905. — Bélidor (B. Forest de), d'après Vigée (133). Belle épreuve.

WILLE FILS (d'après P. A.)

906. — Wille (J. G.), graveur, par P. C. Ingouf — Wille fils (P. A.), par V. Vangelisty. Deux pièces. Belles épreuves, la seconde *tirée en sanguine.*

907. — Sous ce numéro, il sera vendu par lots environ six mille estampes, sujets de l'histoire de France, caricatures, portraits, etc.

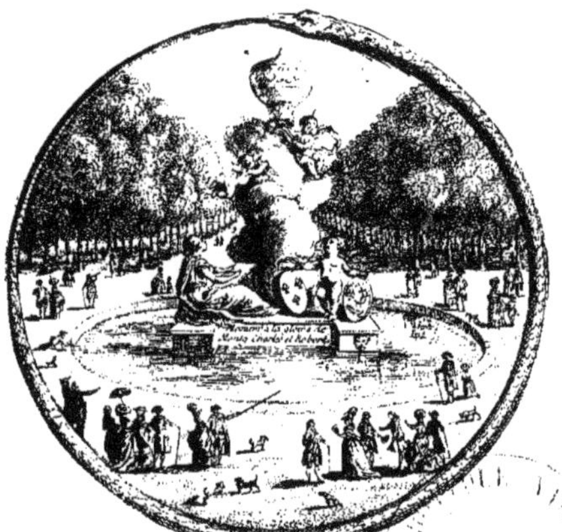

N° 829 du Catalogue.

IMPRIMERIE

FRAZIER-SOYE

153, RUE MONTMARTRE

PARIS

www.ingramcontent.com/pod-product-compliance
Ingram Content Group UK Ltd.
Pitfield, Milton Keynes, MK11 3LW, UK
UKHW031913260826
14628UKWH00003B/1157

9 782329 533810